APRENDIZAGEM
LÍNGUA PORTUGUESA

- Conhecimentos linguísticos
- Gênero textual

ATIVIDADES

7

Organizadora:
SM Educação

Obra coletiva, desenvolvida e produzida por SM Educação.

São Paulo, 1ª edição, 2019

Aprendizagem Língua Portuguesa 7
© Edições SM Ltda.
Todos os direitos reservados

Direção editorial M. Esther Nejm
Gerência editorial Cláudia Carvalho Neves
Gerência de *design* e produção André Monteiro
Edição executiva Andressa Munique Paiva
Colaboração técnico-pedagógica: Raphaela Comisso, Wilker Leite de Sousa
Edição: Ana Spínola, Beatriz Rezende, Carolina Tomasi, Isadora Pileggi Perassollo, Laís Nóbile, Lígia Maria Marques, Rosemeire Carbonari
Suporte editorial: Fernanda Fortunato
Coordenação de preparação e revisão Cláudia Rodrigues do Espírito Santo
Preparação e revisão: Berenice Baeder, Cecilia Farias, Izilda de Oliveira Pereira
Coordenação de *design* Gilciane Munhoz
Coordenação de arte Ulisses Pires
Edição de arte: Andressa Fiorio
Assistência de arte: Janaina Beltrame
Coordenação de iconografia Josiane Laurentino
Pesquisa iconográfica: Ana Stein, Bianca Fanelli
Tratamento de imagem: Marcelo Casaro
Capa Andreza Moreira, Gilciane Munhoz
Projeto gráfico João Pedro Brito, Gilciane Munhoz
Pré-impressão Américo Jesus
Fabricação Alexander Maeda
Impressão BMF Gráfica e Editora

Dados Internacionais de Catalogação na Publicação (CIP)
(Câmara Brasileira do Livro, SP, Brasil)

Aprendizagem língua portuguesa 7 : atividades : ensino fundamental : anos finais / organizadora SM Educação ; obra coletiva, desenvolvida e produzida por SM Educação. — 1. ed. — São Paulo : Edições SM, 2019.

ISBN 978-85-418-2378-4 (aluno)
ISBN 978-85-418-2387-6 (professor)

1. Português (Ensino fundamental)

19-26607 CDD-372.6

Índices para catálogo sistemático:
1. Português : Ensino fundamental 372.6

Maria Alice Ferreira – Bibliotecária – CRB-8/7964

1ª edição, 2019
3ª impressão, 2020

SM Educação
Rua Tenente Lycurgo Lopes da Cruz, 55
Água Branca 05036-120 São Paulo SP Brasil
Tel. 11 2111-7400
atendimento@grupo-sm.com
www.grupo-sm.com/br

APRESENTAÇÃO

Caro aluno, cara aluna,

É com satisfação que apresentamos a coleção **Aprendizagem Língua Portuguesa**, que contempla **atividades** para você colocar em prática seus conhecimentos sobre a língua.

Esta coleção é dividida em três partes:

- *Conhecimentos linguísticos*: síntese de conceitos e atividades diversificadas para você verificar o que aprendeu sobre os conteúdos linguísticos estudados nos anos finais do Ensino Fundamental.

- *Gênero textual*: informações e atividades sobre gêneros variados e de circulação em diferentes contextos, bem como propostas de produção escrita do gênero em estudo para que você possa ter mais experiência de autoria.

- *De olho nas avaliações*: questões de vestibulares e de exames nacionais para você se familiarizar com esses testes e se preparar para ingressar em uma universidade.

Com isso, o objetivo da coleção **Aprendizagem Língua Portuguesa** é aprimorar seus conhecimentos linguísticos e textuais, desenvolver competências e habilidades e ajudá-lo a estudar para avaliações escolares de modo mais autônomo, em casa ou na própria sala de aula.

Desejamos que este material seja um instrumento que potencialize e dinamize seus estudos e lhe proporcione um rico momento de sistematização do aprendizado.

Equipe editorial

SUMÁRIO

CONHECIMENTOS LINGUÍSTICOS

Substantivo ... 6	**O verbo e sua estrutura** ... 28
• Palavras que acompanham o substantivo e palavras substantivadas ... 6	• Verbos regulares e verbos irregulares ... 28
Preposição ... 6	**Palavras primitivas e palavras derivadas** ... 28
Emprego do *x* e do *ch* ... 7	**Grafia de alguns verbos irregulares** ... 29
• Situações em que ocorre o emprego do *x* ... 7	▶ Praticando ... 29
• Situações em que ocorre o emprego do *ch* ... 7	
▶ Praticando ... 7	**Frase, oração e período** ... 36
	Sujeito e predicado ... 36
Pronomes ... 12	***Mau* ou *mal*** ... 36
• Pronomes pessoais ... 12	***A gente* ou *agente*** ... 36
• Pronomes de tratamento ... 12	▶ Praticando ... 37
• Pronomes demonstrativos ... 12	
• Pronomes possessivos ... 13	**Tipos de sujeito** ... 44
• Pronomes indefinidos ... 13	• Sujeitos simples, composto e desinencial ... 44
• Pronomes interrogativos ... 13	• Sujeito indeterminado e oração sem sujeito ... 44
• Pronomes relativos ... 13	**Emprego do *c, ç, s* e *ss*** ... 44
Os ditongos abertos *ei, eu, oi* ... 13	▶ Praticando ... 45
▶ Praticando ... 14	
	Transitividade verbal ... 52
Verbo ... 20	**Objeto direto e objeto indireto** ... 52
• Modo indicativo ... 20	***Mas* e *mais*; *há* e *a*; *afim* e *a fim de*** ... 52
• Modo subjuntivo ... 20	▶ Praticando ... 53
• Formas nominais do verbo ... 21	
Advérbio ... 21	**Tipos de predicado** ... 60
Emprego do *s, z* e *x* ... 21	**Verbo de ligação e predicativo do sujeito** ... 60
• Emprego da letra *z* ... 21	**Emprego do *sc, sç* e *xc*** ... 60
• Emprego da letra *s* ... 22	▶ Praticando ... 61
• Emprego da letra *x* ... 22	
▶ Praticando ... 22	

GÊNERO TEXTUAL

Conto	68
Texto dramático	69
▶ Praticando	69
▶ Produzindo	73
Mito	74
Lenda	74
▶ Praticando	75
▶ Produzindo	77
Crônica	78
▶ Praticando	78
▶ Produzindo	81
Reportagem	82
▶ Praticando	82
▶ Produzindo	84

Texto expositivo	86
Infográfico	86
▶ Praticando	86
▶ Produzindo	89
Poema narrativo	90
Cordel	90
▶ Praticando	91
▶ Produzindo	93
Carta do leitor	94
Carta de reclamação	94
▶ Praticando	95
▶ Produzindo	96
Artigo de opinião	98
▶ Praticando	99
▶ Produzindo	101

DE OLHO NAS AVALIAÇÕES — 102

CONHECIMENTOS LINGUÍSTICOS

Substantivo

Substantivos são palavras empregadas para nomear seres em geral, sensações, ações e sentimentos.

- Os substantivos podem ser classificados em: comuns ou próprios; concretos ou abstratos; simples ou compostos; primitivos ou derivados; e coletivos.
- Os substantivos podem também variar em: **gênero** (masculino ou feminino); **número** (singular ou plural); e **grau** (aumentativo ou diminutivo).

Palavras que acompanham o substantivo e palavras substantivadas

- Algumas palavras têm a função de acompanhar os substantivos atribuindo a eles maior precisão, por exemplo, os numerais. Essas palavras são chamadas de **determinantes** dos substantivos.
- Algumas, ainda, têm por objetivo caracterizá-los, como os adjetivos, exercendo papel de **modificadores** dos substantivos.
- Tanto os determinantes quanto os modificadores de um substantivo especificam e particularizam seu sentido, tornando mais preciso o enunciado em que ele se encontra.
- São determinantes dos substantivos: artigos, numerais e pronomes.
- São modificadores dos substantivos: adjetivos e locuções adjetivas.
- Algumas palavras de outras classes gramaticais também podem funcionar como substantivos, dependendo do contexto em que são empregadas. A esse fenômeno chamamos de **substantivação**. Essas palavras podem ser: verbos, adjetivos e numerais.
- Para que ocorra a substantivação, basta colocar um artigo definido ou indefinido antes da palavra a ser substantivada.

Preposição

Quando uma palavra invariável liga dois termos de uma frase, estabelecendo uma relação de sentido entre eles, essa palavra é chamada de **preposição**.

- Quando um grupo de palavras adquire valor de uma preposição, ele é chamado de **locução prepositiva**. Exemplos: *além de*, *por meio de*, *em cima de*, *em vez de*, *a fim de*, *antes de*, etc.
- As preposições podem sofrer combinação ou contração com outras palavras.
  - A **combinação** ocorre quando a preposição, ao unir-se a outras palavras, não sofre modificação. Exemplos: *ao* (prep. *a* + artigo *o*), *aonde* (prep. *a* + advérbio *onde*).
  - A **contração** ocorre quando a preposição, ao unir-se a outras palavras, sofre modificação. Exemplos: *no* (prep. *em* + artigo *o*), *deste* (prep. *de* + pronome *este*).

- Quando isoladas, as preposições não expressam um sentido completo. Só é possível saber o sentido de uma preposição no contexto em que ela aparece, ou seja, na relação que ela estabelece entre as palavras de uma frase.
- De acordo com o contexto, as preposições podem transmitir ideias de:
  - causa
  - lugar
  - movimento
  - tempo
  - companhia
  - matéria
  - finalidade
  - posse
  - destino
  - meio
  - oposição
  - instrumento
  - modo
  - origem

Emprego do *x* e do *ch*

Na língua portuguesa, diferentes letras podem representar um mesmo som. Nas palavras *achei* e *deixei*, por exemplo, o mesmo som é representado tanto pelo dígrafo *ch* como pela letra *x*. Para saber quando empregar *x* e quando empregar *ch* para representar esse som, atente para as situações indicadas a seguir.

Situações em que ocorre o emprego do *x*

- Em palavras de origem tupi, árabe e africana. Exemplo: *abacaxi* (tupi), *enxaqueca* (árabe), *Caxambu* (africana).
- Depois de ditongo. Exemplo: *frouxo*, *peixe*, *feixe*.
- Depois da sílaba inicial *me-*. Exemplo: *mexerica*, *mexilhão*.
- Depois da sílaba inicial *en-*. Exemplo: *enxada*, *enxurrada*.

Situações em que ocorre o emprego do *ch*

- Em algumas palavras de origem estrangeira. Exemplo: *chapéu* (francês), *sanduíche* (inglês), *salsicha* (italiano).
- No verbo *encher* e nas palavras derivadas dele. Exemplo: *preencher*, *enchente*, *enchimento*.

▶ Praticando

1. Leia um fragmento de uma notícia sobre a Zelândia, um novo continente descoberto.

   Descoberta a Zelândia, um enorme continente submerso no Pacífico

   Há pouco mais de dez anos, Plutão perdeu seu *status* de planeta e mudou o que vinha sendo ensinado nas escolas durante décadas. Agora é possível que os **livros** de ciência tenham de acrescentar mais um continente – quase totalmente submerso nas águas do sudeste do Pacífico – a seus mapas. [...]

   Joana Oliveira. Descoberta a Zelândia, um enorme continente submerso no Pacífico.
   Disponível em: <http://brasil.elpais.com/brasil/2017/02/17/ciencia/1487350981_663822.html>. Acesso em: 20 mar. 2019.

   a) Sublinhe os substantivos que aparecem no título da notícia.

   b) Esses substantivos são próprios ou comuns? Explique.

   _____

   _____

   _____

c) Que palavras ou expressões especificam o substantivo *continente* empregado no título da notícia?
_____
_____

d) Identifique a que classe gramatical essas palavras pertencem.
_____
_____

e) Agora, observe o substantivo em destaque no texto e identifique quais são seus determinantes e modificadores e a que classe gramatical cada um deles pertence.
_____

2. Observe abaixo os títulos de algumas obras literárias e sublinhe aquele que apresenta uma palavra substantivada. Em seguida, explique como você chegou a essa conclusão.
   - *Dois irmãos* (Milton Hatoum)
   - *A bolsa amarela* (Lygia Bojunga)
   - *O vermelho e o negro* (Stendhal)

_____
_____

3. Observe a capa do DVD do filme *Antes que o mundo acabe* (2009), que é uma adaptação do livro homônimo, escrito por Marcelo Carneiro da Cunha.

← Capa do DVD do filme *Antes que o mundo acabe*, lançado em 2009.

- Na frase "... tem uma delicadeza bem-humorada que vai encantando o espectador...", que consta da capa do DVD, foram empregados dois substantivos. Identifique-os e, depois, indique seus determinantes e modificadores e a classe a que pertencem.

_____
_____
_____

4. Leia a história em quadrinhos a seguir.

Charles Schulz. *Ninguém mais tem o espírito aventureiro*. Porto Alegre: L&PM, 2014. p. 129.

a) Releia esta fala extraída da tira.

> Mas vocês precisavam marchar **em** todos os bancos de areia do campo de golfe?!

- Qual é a ideia expressa pela preposição em destaque? Marque nas alternativas a seguir a resposta correta.
  ( ) causa   ( ) lugar   ( ) movimento

b) Se substituirmos a preposição *em* por *até*, que ideia passará a ser expressa por essa proposição?
  ( ) causa   ( ) lugar   ( ) movimento

5. Leia os títulos de notícias a seguir e observe cada uma das preposições que aparecem em destaque neles.

> Campanha de vacinação **contra** a febre amarela é estendida **até** quarta-feira na UFMG

Disponível em: <http://www.em.com.br/app/noticia/gerais/2017/02/20/interna_gerais,848933/campanha-de-vacinacao-contra-a-febre-amarela-e-estendida-ate-quarta-fe.shtml>. Acesso em: 21 mar. 2019.

> Grupo teatral **de** Florianópolis aposta em peças como opção turística na cidade

Disponível em: <http://ndonline.com.br/florianopolis/plural/grupo-teatral-de-florianopolis-aposta-em-pecas-como-opcao-turistica-na-cidade>. Acesso em: 21 mar. 2019.

> Jovens podem viajar gratuitamente entre Estados **de** ônibus e trem

Disponível em: <http://jconline.ne10.uol.com.br/canal/economia/nacional/noticia/2017/02/04/jovens-podem-viajar-gratuitamente-entre-estados-de-onibus-e-trem-269415.php>. Acesso em: 21 mar. 2019.

- Relacione as preposições (à esquerda) aos sentidos que elas expressam (à direita) nos títulos.

contra	origem
até	oposição
de	tempo
de	meio

6. Crie frases empregando as preposições a seguir com os sentidos especificados.
   a) Com (companhia):
   _____
   _____

   b) De (causa):
   _____
   _____

   c) De (meio):
   _____
   _____

7. Resolva a cruzadinha, preenchendo-a com palavras grafadas com *x* ou *ch*.
   1. Coisa dilatada, que apresenta aumento de volume.
   2. Ferramenta constituída de lâmina e cabo para capinar e revolver a terra.
   3. Legume de casca e polpa verdes com formato que lembra o de uma pera.
   4. Pequena propriedade rural.
   5. Lugar com água parada e lamacenta.
   6. Causar ou sofrer um ferimento.
   7. Coisa própria para encher ou rechear; recheio.

8. Leia, a seguir, um trecho do poema do escritor brasileiro Solano Trindade (1908-1974).

> **Olorum Shanu**
>
> Antes de Olorum
> Nada havia
> Nem o mar
> Nem o céu
> Nem a lua
> Nem o sol
> Tudo era nada
>
> Depois de Olorum
> Veio Obatalá o céu
> Odudua a terra
> Yemanjá a água
> Okê os montes
> Orum o sol
> **Oxum** a lua
>
> Depois **Oxum**
> O pecado
> Com **Xaluga**
> A riqueza
> **Xapauam** a doença
> E Ogum a guerra.

Solano Trindade. Olorum Shanu. Em: *Poemas antológicos*. São Paulo: Nova Alexandria, 2007. p. 81.

a) A obra de Solano Trindade é marcada pela valorização da cultura africana no Brasil. Identifique no poema elementos que remetem a essa cultura.

_____
_____
_____

b) Por que as palavras em destaque no poema são grafadas com *x* e não com *ch*?

_____
_____
_____

9. Leia o trecho a seguir, extraído do livro *Confesso que vivi: memórias*, do poeta chileno Pablo Neruda (1904-1973).

> Percorri-o por anos inteiros de mercado a mercado. Porque o **México** está nos mercados, não está nas guturais canções dos filmes nem na falsa vulgaridade de bigode e pistola. O México é uma terra de grandes mantas cor de carmim e turquesa fosforescente. O México é uma terra de vasilhas e cântaros e de frutas cortadas **debaixo** de um **enxame** de insetos. O México é um campo infinito de magueis de tintura azul-cobalto e coroa de espinhos amarelos.

Pablo Neruda. México florido e espinhoso. Em: *Confesso que vivi*: memórias. Tradução de Olga Savary. 35. ed. Rio de Janeiro: Bertrand Brasil, 2011. p. 181.

- Relacione as palavras em destaque no texto com suas respectivas justificativas em relação ao emprego do *x*.

México	Usa-se *x* depois de ditongo.
Debaixo	Usa-se *x* em palavras com *en-* inicial.
Enxame	Usa-se *x* depois de *me-* inicial.

Pronomes

São chamadas de **pronomes** as palavras que substituem ou acompanham nomes, determinando-os.

As principais funções dos pronomes são: eliminar repetições desnecessárias; indicar os participantes do ato comunicativo; remeter a algo que já foi ou ainda será mencionado no texto.

Pronomes pessoais

- As palavras que representam as três pessoas do discurso, indicando-as apenas, sem nomeá-las, são chamadas de **pronomes pessoais**.
- Os pronomes pessoais podem ser em: primeira pessoa (aquela que fala), segunda pessoa (com quem se fala) e terceira pessoa (de quem se fala).
- Os pronomes que substituem diretamente os nomes e informam as pessoas do discurso são: **pronomes pessoais do caso reto** e **pronomes pessoais do caso oblíquo**.
- Os pronomes pessoais do caso reto são: *eu*, *tu*, *ele/ela*, *nós*, *vós*, *eles/elas*.
- Os pronomes pessoais do caso oblíquo são: *me*, *mim*, *comigo*; *te*, *ti*, *contigo*; *o*, *a*, *lhe*, *se*, *si*, *consigo*; *nos*, *conosco*; *vos*, *convosco*; *os*, *as*, *lhes*, *se*, *si*, *consigo*.
- Os pronomes do caso oblíquo *me*, *te*, *nos*, *vos*, *se*, *si* e *consigo* são denominados **pronomes reflexivos**, quando a ação verbal reflete sobre quem a realiza.
- Os **pronomes reflexivos recíprocos** indicam que a ação verbal é mútua entre dois ou mais indivíduos, ou seja, quando duas ou mais pessoas trocam a ação verbal. Exemplo: Roberta e eu *nos* abraçamos.

Pronomes de tratamento

- Os **pronomes de tratamento** referem-se às pessoas com as quais se fala ou a quem se faz referência no ato da comunicação.
- Os pronomes de tratamento indicam como é o tratamento dado ao interlocutor e marcam o grau de formalidade entre os interlocutores no ato da comunicação.
- Alguns pronomes de tratamento: *você* (para pessoas íntimas), *Sua/Vossa Alteza* (para príncipes e duques), *Sua/Vossa Excelência* (para altas autoridades do governo e das Forças Armadas), *Sua/Vossa Majestade* (para reis e imperadores), *Sua/Vossa Santidade* (para o papa), etc.

Pronomes demonstrativos

- Os **pronomes demonstrativos** são palavras que servem para situar no espaço ou no tempo os seres e objetos de quem ou de que falamos. Eles também são empregados para fazer referência a elementos já expressos ou que serão apresentados em um texto.
- Os pronomes demonstrativos são: *este*, *estes*, *esta*, *estas*, *isto* (1ª pessoa); *esse*, *esses*, *essa*, *essas*, *isso* (2ª pessoa); *aquele*, *aqueles*, *aquela*, *aquelas*, *aquilo* (3ª pessoa).

Pronomes possessivos

Quando os pronomes acrescentam às pessoas do discurso uma ideia de posse são chamados de **pronomes possessivos**.

- Os pronomes possessivos variam de acordo com a pessoa a que se referem e com o gênero e o número da coisa possuída:
  - 1ª pessoa do singular (*meu, meus, minha, minhas*);
  - 2ª pessoa do singular (*teu, teus, tua, tuas*);
  - 3ª pessoa do singular (*seu, seus, sua, suas*);
  - 1ª pessoa do plural (*nosso, nossos, nossa, nossas*);
  - 2ª pessoa do plural (*vosso, vossos, vossa, vossas*);
  - 3ª pessoa do plural (*seu, seus, sua, suas*).

Pronomes indefinidos

Os **pronomes indefinidos**, por sua vez, transmitem uma ideia de imprecisão, um sentido vago e indeterminado. São usados quando o falante não quer ou não pode precisar uma informação. Apresentam formas variáveis e invariáveis.

- Os pronomes **variáveis** concordam em gênero e número com a palavra à qual se ligam.
  - Pronomes indefinidos variáveis e no gênero **masculino**: *algum, alguns; certo, certos; muito, muitos; nenhum, nenhuns; outro, outros; pouco, poucos; qualquer, quaisquer; quanto, quantos; tanto, tantos; todo, todos; vários.*
  - Pronomes indefinidos variáveis e no gênero **feminino**: *alguma, algumas; certa, certas; muita, muitas; nenhuma, nenhumas; outra, outras; pouca, poucas; qualquer, quaisquer; quanta, quantas; tanta, tantas; toda, todas, várias.*
- Os pronomes **invariáveis** não sofrem modificação de gênero e número (*algo, alguém, cada, nada, ninguém, tudo, outrem*).

Pronomes interrogativos

Os pronomes empregados para formular perguntas de forma direta ou indireta são chamados de **pronomes interrogativos**.

- Os pronomes interrogativos *que* e *quem* são invariáveis.
- O pronome interrogativo *qual* flexiona-se em número: *qual, quais*.
- O pronome *quanto* flexiona-se em gênero e em número: *quanto(s), quanta(s)*.

Pronomes relativos

Os **pronomes relativos** são usados para se referir a um termo antecedente, podendo, assim, ser usados para evitar repetições desnecessárias no texto.

- Pronomes relativos **variáveis**: *o qual, os quais, a qual, as quais, cujo, cujos, cuja, cujas, quanto, quantos, quanta, quantas*.
- Pronomes relativos **invariáveis**: *onde, que, quem*.

Os ditongos abertos *ei, eu, oi*

- Sempre **são acentuados** os ditongos abertos representados pelas letras *ei, eu* e *oi*, quando aparecem na sílaba tônica em oxítonas ou monossílabos tônicos.
- Esses ditongos **não são acentuados** quando estão na sílaba tônica de paroxítonas.

▶ Praticando

1. Leia o trecho a seguir, extraído da obra *O diário de Anne Frank*, escrito por Anne Frank, uma menina judia vítima do Holocausto durante a Segunda Guerra Mundial. Essa obra constitui um dos mais importantes e conhecidos relatos históricos da época.

> **DOMINGO, 14 DE JUNHO DE 1942**
>
> Vou começar a partir do momento em que ganhei **você**, quando **o** vi na mesa, no meio dos meus outros presentes de aniversário. (Eu estava junto quando você foi comprado, e com isso **eu** não contava.)
>
> Na sexta-feira, 12 de junho, acordei às seis horas, o que não é de espantar; afinal, era meu aniversário. Mas não me deixam levantar a essa hora; por isso, tive de controlar minha curiosidade até quinze para as sete. Quando não dava mais para esperar, fui até a sala de jantar, onde Moortje (a gata) **me** deu boas--vindas, esfregando-se em minhas pernas.
>
> Pouco depois das sete horas, fui ver papai e mamãe e, depois, fui à sala abrir meus presentes, e **você** foi o primeiro que vi, talvez um dos meus melhores presentes. Depois, em cima da mesa, havia um buquê de rosas, algumas peônias e um vaso de planta. [...]

Anne Frank. *O diário de Anne Frank*. Tradução de Alves Calado. 62. ed. Rio de Janeiro: Record, 2016. p. 19-20.

↑ Grafite representando Anne Frank, na cidade de Berlim, na Alemanha.

a) O pronome *você*, em destaque no trecho acima, refere-se a quê?

_____
_____

b) Como esse pronome é classificado? Marque a alternativa correta.
( ) pronome pessoal do caso reto   ( ) pronome de tratamento
( ) pronome pessoal do caso oblíquo ( ) pronome demonstrativo

c) Por que, em diários, geralmente o pronome *você* é empregado?

_____
_____
_____

d) Agora, observe os demais pronomes em destaque no trecho. Classifique cada um deles, preenchendo o quadro abaixo.

O	EU	ME

e) Identifique no trecho do diário um exemplo de pronome reflexivo.

_____

2. Leia o trecho a seguir, extraído da biografia sobre a escritora Clarice Lispector, escrita por Nádia Battella Gotlib.

> Clarice era ainda muito pequena, em Recife, quando ganhou uma bala especial de sua irmã: uma bala que não acabava nunca. **Esse** fato, rememorado por **ela** na forma de crônica, não tem propriamente a bala como motivo principal, mas o que **ela** significa e que dá título a essa crônica, publicada no *Jornal do Brasil*: "Medo da Eternidade".
> [...]
>
> Nádia Battella Gotlib. *Clarice*: uma vida que se conta. 6. ed. São Paulo: Edusp, 2011. p. 69.

a) O pronome *ela* foi empregado duas vezes nesse trecho para retomar uma palavra dita anteriormente. Que palavra cada um deles retoma?

b) Explique a função do uso do pronome *esse* em destaque no trecho.

3. Leia a tira a seguir.

Charles Schulz. *Ninguém mais tem o espírito aventureiro*. Tradução de Alexandre Boide. Porto Alegre: L&PM, 2014. p. 79.

a) Explique o que causa humor nessa tira.

b) No primeiro quadrinho, foram empregados dois pronomes demonstrativos: *esta* (nesta = em + esta) e *aquela* (naquela = em + aquela). Explique o sentido de cada um desses pronomes.

c) Agora, imagine que Eudora estivesse no lugar onde a outra garota iria pescar. Que pronome deveria ser empregado no lugar de *aquela*? Reescreva a fala do primeiro balão, adequando-a.

4. Leia a seguir alguns títulos de artigos de curiosidade.

   I. **Em qual** dos novos planetas você deveria morar?

   Mateus Bianezzi. Em qual dos novos planetas você deveria morar? Disponível em: <http://mundoestranho.abril.com.br/ciencia/em-qual-dos-novos-planetas-voce-deveria-morar/>. Acesso em: 22 fev. 2019.

   II. **Quem** foi M. C. Escher?

   Disponível em: <http://mundoestranho.abril.com.br/cultura/quem-foi-m-c-escher/>. Acesso em: 22 fev. 2019.

   III. **O que** é a Lei Rouanet? Como ela funciona?

   Disponível em: <http://mundoestranho.abril.com.br/cultura/o-que-e-a-lei-rouanet-como-ela-funciona/>. Acesso em: 22 fev. 2019.

   a) O que há em comum em cada um desses títulos?
   _____
   _____

   b) Como são classificados os pronomes em destaque nos títulos?
   _____
   _____

   c) Por que em artigos de curiosidade são comuns títulos com o tipo de pronome identificado no item anterior?
   _____
   _____
   _____
   _____

5. Leia o trecho de uma notícia sobre a despedida do ator Hugh Jackman de sua mais importante personagem, o Wolverine, dos filmes *X-men*.

   O ator está satisfeito com o **seu** trabalho como Wolverine, que se prolongou durante 17 anos de **sua** carreira.

   Disponível em: <http://br.ign.com/logan/45739/feature/entrevista-o-legado-de-hugh-jackman-como-wolverine-em-logan>. Acesso em: 22 fev. 2019.

   a) Que relação de sentido os pronomes destacados estabelecem no trecho?
   _____
   _____

   b) Como esses pronomes são classificados?
   _____

   c) Qual é a importância do emprego desses pronomes no trecho?
   _____
   _____
   _____

6. Leia o trecho a seguir, extraído da autobiografia de Malala Yousafzai, uma menina que foi baleada por extremistas do grupo Talibã, no Paquistão, por querer estudar. Nesse trecho, Malala se refere às histórias contadas por seu pai sobre a origem de seu nome.

> **Meu** pai contava a história de Malalai a **toda** pessoa **que** viesse à **nossa** casa. **Eu a** adorava, assim como amava ouvir as músicas **que** **ele** cantava para **mim** e a maneira como **meu** nome flutuava ao vento quando **alguém o** chamava.

Malala Yousafzai e Christina Lamb. *Eu sou Malala*: a história da garota que defendeu o direito à educação e foi baleada pelo Talibã. São Paulo: Companhia das Letras, 2013. p. 23.

↑ Malala Yousafzai.

a) Observe os pronomes *toda* e *alguém*, empregados no trecho. Explique o efeito de sentido de cada um deles.

_____

b) Com que função os pronomes *a* e *o*, em destaque no trecho, foram empregados?

_____

c) O pronome *que* foi empregado duas vezes no trecho. Observe:

I. Meu pai contava a história de Malalai a toda pessoa **que** viesse à nossa casa.

II. Eu a adorava, assim como amava ouvir as músicas **que** ele cantava para mim [...].

- Em cada uma das frases, qual é a palavra retomada pelo pronome *que*?

_____

d) Preencha o quadro, classificando os pronomes em destaque na autobiografia.

PRONOME PESSOAL DO CASO RETO	PRONOME PESSOAL DO CASO OBLÍQUO	PRONOME POSSESSIVO	PRONOME INDEFINIDO	PRONOME RELATIVO

7. Junte as frases a seguir, empregando pronomes relativos.

a) Comprei dois livros. Os dois livros eram usados.

_____

b) A pousada é pequena. Ficarei na pousada.

_____

8. Complete as lacunas das frases a seguir, empregando os termos adequados para dar-lhes significado completo e, em seguida, localize-os no diagrama.

a) Pronomes são palavras que substituem ou acompanham _____.

b) Os pronomes que substituem diretamente os nomes e informam as pessoas do discurso são chamados de pronomes pessoais do _____ e pronomes pessoais do _____.

c) Os pronomes pessoais do caso oblíquo *me*, *te*, *nos*, *vos*, *se*, *si* e *consigo* são chamados de _____ porque a ação verbal reflete sobre quem pratica tal ação.

d) Quando desejamos indicar a posição de um objeto ou pessoa do discurso, usamos os pronomes _____.

e) Os pronomes que expressam a ideia de posse são chamados de _____.

f) Os pronomes _____ referem-se, de modo vago e indeterminado, à terceira pessoa do discurso.

g) Classificam-se como _____ os pronomes *que*, *quem*, *qual*, *quanto* e *quando*; eles são usados para formular perguntas.

h) Os pronomes _____ referem-se a termos mencionados anteriormente no discurso.

R	S	I	N	T	E	R	R	O	G	A	T	I	V	O	S
R	D	Z	N	O	M	E	S	A	F	D	E	M	I	A	I
E	C	C	A	R	E	R	O	U	R	T	R	E	A	C	N
L	Z	C	X	A	I	O	S	U	T	R	W	E	I	A	D
A	D	E	M	O	N	S	T	R	A	T	I	V	O	S	E
T	A	I	V	O	T	R	E	Q	S	R	C	X	S	O	F
I	O	F	G	H	V	O	I	L	K	N	M	A	A	R	I
V	U	T	R	E	Y	I	U	N	M	S	A	R	T	E	N
O	C	A	S	O	O	B	L	Í	Q	U	O	S	A	T	I
S	O	P	O	U	I	T	R	E	M	N	B	I	E	O	D
I	N	T	R	E	R	R	O	G	I	T	V	O	S	A	O
A	T	I	V	S	U	R	E	F	L	E	X	I	V	O	S
P	O	S	S	E	S	S	I	V	O	S	A	R	T	I	S

9. Os títulos a seguir são de obras literárias. Complete-os com as palavras do quadro.

| ideias | céu | herói |

a) Um _____ fanfarrão e sua mãe bem valente. (Ana Maria Machado)

b) A fada que tinha _____. (Fernanda Lopes de Almeida)

c) Viagem ao _____. (Monteiro Lobato)

10. Descubra quais são as palavras na vertical da cruzadinha e empregue a acentuação adequada. Para isso, siga as dicas a seguir.

1. Objetos utilizados nos dedos das mãos.
2. Pessoas que realizam um ato heroico.
3. Materiais utilizados para pintura de telas.
4. Característica das pessoas que demonstram lealdade a alguém.

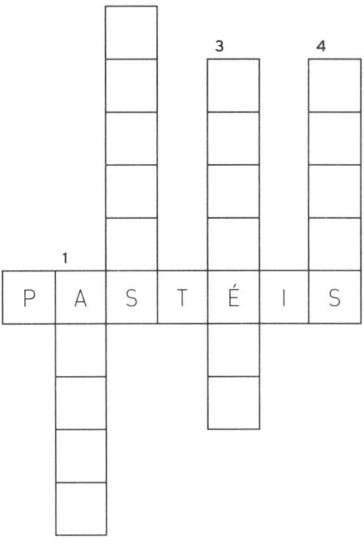

11. Marque qual dos itens a seguir apresenta palavras que seguem a mesma regra de acentuação.
a) ( ) ideia, pangeia, heroico, estreia, jiboia
b) ( ) herói, caubói, céu, papéis, anéis
c) ( ) céu, dói, réu, anéis, rói
d) ( ) céu, réu, heroico, jiboia

12. Leia o trecho a seguir, extraído da obra *O Pequeno Príncipe em cordel*. No trecho desse poema de cordel, o narrador fala sobre um desenho feito por ele, que os adultos acreditavam ser um chapéu.

> Meu desenho não era um **chapéu**
> E sim uma **jiboia** comendo elefante
> Desenhei o elefante por dentro
> Para que os adultos vissem adiante
> Eles pedem explicações
> E têm rugas nos semblantes.

Josué Limeira. *O Pequeno Príncipe em cordel*. Recife: Editora Cativar, 2016.

a) Observe as palavras em destaque na estrofe do cordel. Identifique o ditongo aberto em cada uma delas.
_____

b) Por que *chapéu* é acentuada e *jiboia*, não?
_____
_____

c) Junte-se a um colega para pesquisar outras palavras que tenham a mesma regra de acentuação de *chapéu* e *jiboia* e preencham o quadro abaixo.

MESMA REGRA DE *CHAPÉU*	MESMA REGRA DE *JIBOIA*

Verbo

Verbos são palavras que indicam **estado** (ou característica), **ação** ou **fenômeno da natureza**.

- Por pertencerem a uma classe de palavras variáveis, os verbos sofrem modificações de acordo com a necessidade de quem escreve e do falante no ato da comunicação. Tais modificações são chamadas de **flexões verbais**. Essas flexões podem expressar informações sobre:
  - **tempo**: pode situar o processo a que se refere no passado, no presente ou no futuro em relação ao momento da fala;
  - **número**: pode estar no singular ou no plural;
  - **pessoa**: pode se referir à primeira, à segunda ou à terceira pessoa do discurso;
  - **modo**: expressa diferentes atitudes do falante em relação ao que diz.
- Quando os verbos sofrem modificações, diz-se que foram conjugados. Assim, a **conjugação verbal** é a forma flexionada dos verbos.

Modo indicativo

O **modo indicativo** expressa a certeza do falante sobre algo que acontece, aconteceu ou acontecerá. Observe a seguir as flexões do modo indicativo.

- **Presente**: indica que a ação verbal ocorre no momento da fala. Indica também fatos habituais e verdades incontestáveis.
- **Pretérito perfeito**: expressa uma ação que, no momento da fala, já foi concluída.
- **Pretérito imperfeito**: indica uma ação ocorrida repetidas vezes, habitual ou com um tempo de duração indeterminado no passado.
- **Pretérito mais-que-perfeito**: exprime uma ideia de ação ocorrida no passado, mas anterior a outra ação também já passada.
- **Futuro do presente**: indica algo que ainda acontecerá em relação ao momento da fala.
- **Futuro do pretérito**: exprime uma ideia de ação que aconteceria, com certeza ou como hipótese, se outra ação ocorresse.

Modo subjuntivo

O **modo subjuntivo** expressa a percepção do falante de que algo pode acontecer desde que se atenda a certa condição. Esse modo pode indicar desejo, incerteza ou possibilidade de um fato vir a se concretizar. Observe a seguir as flexões do modo subjuntivo.

- **Presente**: expressa um desejo ou um acontecimento provável, porém incerto. É empregado, geralmente, depois de expressões como é *possível que*, *talvez*, *tomara que*, *convém que*, etc.
- **Pretérito imperfeito**: indica um fato que poderia ter acontecido mediante certa condição. É acompanhado da palavra *se*.
- **Futuro**: exprime um fato possível de ser realizado. É acompanhado das palavras *se* ou *quando*.

Formas nominais do verbo

Algumas formas dos verbos não são flexionadas em modo e tempo e também não se referem a uma pessoa específica do discurso. Essas formas são chamadas de **formas nominais do verbo**. Observe-as a seguir.
- **Infinitivo**: apresenta processo verbal em potência e expressa ideia de ação. Os verbos no infinitivo terminam em *-r*.
- **Gerúndio**: forma semelhante a um advérbio, podendo, ainda, indicar uma ação contínua. Os verbos no gerúndio terminam em *-ndo*.
- **Particípio**: apresenta o resultado do processo verbal e, ainda, tem as características do verbo e as do adjetivo. Os verbos no particípio terminam em *-ado(a)/-ido(a)*.

Advérbio

As palavras que modificam um verbo, indicando as circunstâncias em que ocorre a ação expressa por ele, são chamadas de **advérbios**.
- Além dos verbos, os advérbios podem modificar adjetivos ou outros advérbios.
- Em geral, advérbios são palavras invariáveis, ou seja, que não sofrem flexão.
- Quando um conjunto de palavras exerce a função de advérbio, temos uma **locução adverbial**.
- Advérbios de **dúvida**: *talvez, acaso, porventura, provavelmente, eventualmente, possivelmente, quiçá,* etc.
- Advérbios de **intensidade**: *muito, pouco, bastante, demais, mais, menos, excessivamente, demasiadamente,* etc.
- Advérbios de **modo**: *bem, mal, assim, depressa, devagar, melhor, pior,* etc.
- Advérbios de **lugar**: *abaixo, acima, adiante, aí, além, ali, aqui, atrás, cá, dentro, fora, junto, lá, longe, perto,* etc.
- Advérbios de **tempo**: *agora, ainda, amanhã, antes, cedo, depois, hoje, já, jamais, logo, ontem, sempre, tarde, imediatamente, diariamente,* etc.
- Advérbios de **afirmação**: *sim, certamente, efetivamente, realmente,* etc.
- Advérbios de **negação**: *não, nem, nunca, jamais,* etc.

Emprego do s, z e x

Na ortografia da língua portuguesa, o som representado pela letra *z* pode ser representado nas palavras pelas letras *z*, *s* ou *x*. Veja, a seguir, os casos em que se usa cada uma dessas letras.

Emprego da letra z
- Nos verbos formados pelo acréscimo das terminações *-iza/-izar* a um substantivo que não termina em **s** nem em **s** + **vogal**. Exemplo: *concreti**z**ar*.
- Antes das terminações *-ada*, *-al*, *-eiro/-eira* e *-inho/-inha*, quando essas se ligam a palavras não terminadas em **s** nem em **s** + **vogal**. Nesses casos, o **z** se mantém no plural. Exemplos: *guri**z**ada*, *coração**z**inho*.

Emprego da letra *s*

- Nos verbos formados pelo acréscimo da terminação **-ar** a um substantivo terminado em **s** + **vogal**. Exemplo: *analisar*.
- Nos adjetivos formados pelo acréscimo do sufixo **-oso/-osa** a um substantivo que não termina com **s** nem com **s** + **vogal**. Exemplo: *mentirosa*.
- Quando o som de **z** é antecedido por ditongo. Exemplo: *lousa*.
- Em todas as formas dos verbos **querer** e **pôr** em que há o som de **z**.
- Nas terminações **-ase**, **-ese**, **-ise** e **-ose**. Exemplo: *virose*.

Emprego da letra *x*

- Nas palavras iniciadas por **e** em que **x** seja grafado entre vogais, com exceção de *esôfago* e *esotérico*. Exemplos: *exame*, *êxito*, *exótico*.

▶ Praticando

1. Leia a seguir as primeiras estrofes de um poema de Solano Trindade.

   Amar é uma constante em mim

   Amar é uma constante em mim
   Tive o passado firmado no amor
   O meu presente é uma afirmação de amor
   O meu futuro será baseado no amor

   Nunca amei as coisas
   Não amo as coisas
   Não amarei as coisas

   O ser humano é a minha bandeira
   Esta é minha arte
   Outras vezes cantei

   Não espero ser amado
   O que me interessa é amar
   Amar com intensidade
   Invariavelmente
   [...]

   Solano Trindade. Amar é uma constante. Em: *Poemas antológicos*. São Paulo: Nova Alexandria, 2007. p. 96.

   a) Observe as três formas verbais do verbo *amar* empregadas na segunda estrofe do poema. Cada uma delas está em um tempo verbal. Identifique-os.

   b) Em sua opinião, qual é a relação entre o uso do mesmo verbo em tempos verbais diferentes e o tema tratado no poema?

c) Observe o verbo em destaque neste verso do poema:

> **Amar** é uma constante em mim

- Identifique a forma nominal desse verbo e explique por que ela foi empregada.

_____

_____

_____

2. Leia a seguir um trecho do início da obra *Alice no país das maravilhas*, escrita por Lewis Carroll (1832-1898).

> Alice estava começando a se cansar de ficar sentada ao lado da irmã à beira do lago, sem ter nada para fazer: uma ou duas vezes ela tinha espiado no livro que a irmã estava lendo, mas o livro não tinha desenhos, nem diálogos. "E de que serve um livro", pensou Alice, "sem desenhos ou diálogos?".
>
> Assim, ela ficou pensando consigo mesma (da melhor maneira possível, pois o dia quente a fazia se sentir muito sonolenta e estúpida) se o prazer de fazer uma corrente de margaridas valeria o esforço de se levantar e colher as margaridas, quando de repente um Coelho Branco de olhos cor-de-rosa passou correndo perto dela.
>
> [...]

Lewis Carroll. *Alice no país das maravilhas*. Porto Alegre: L&PM, 2010. p. 13-14.

a) Identifique no trecho as formas verbais no pretérito perfeito e no pretérito imperfeito do indicativo, preenchendo o quadro a seguir.

PRETÉRITO PERFEITO	PRETÉRITO IMPERFEITO

b) Marque a alternativa que justifica corretamente o emprego do verbo *valer*, no segundo parágrafo.
   ( ) O verbo *valer* está no futuro do presente, pois indica algo que ainda acontecerá em relação ao momento atual.
   ( ) O verbo *valer* está no futuro do pretérito e exprime uma ideia de ação que aconteceria, com certeza, desde que outra ação se realizasse.

c) Identifique o tempo verbal do primeiro pensamento de Alice, apresentado entre aspas. Depois, explique por que esse verbo foi empregado.

_____

_____

_____

_____

d) Agora, identifique no trecho os verbos que estão nas seguintes formas nominais:

- infinitivo: _____

- gerúndio: _____

- particípio: _____

3. Classifique as sentenças a seguir em verdadeiras (**V**) ou falsas (**F**). Em seguida, registre o erro das sentenças que você considerou falsas.

   a) (   ) O emprego do pretérito perfeito em títulos de notícia pode distanciar o fato do leitor, pois sugere que a ocorrência não é atual.

   b) (   ) O fato de o jornal usar o presente do indicativo nos títulos de notícias e reportagens para fazer referência a eventos do passado promove a aproximação do leitor com os fatos narrados.

   c) (   ) Os verbos flexionados no futuro do presente indicam algo que já ocorreu em relação ao momento atual.

   d) (   ) Os verbos flexionados no futuro do pretérito exprimem uma ideia de ação que aconteceria, com certeza, desde que outra ação se realizasse.

   _____
   _____

4. Na frase "Eu estava desanimado", como é composto o particípio?

   _____
   _____
   _____

5. Leia os títulos de notícia a seguir e observe os advérbios em destaque.

   I. Pintura rupestre 'pontilhista' é descoberta na **França**

   Bruno Vaiano. *Superinteressante*, 24 fev. 2017. Disponível em: <http://super.abril.com.br/historia/pintura-rupestre-pontilhista-e-descoberta-na-franca/>. Acesso em: 27 fev. 2019.

   II. Indicado ao Oscar, *Moonlight* estreia **amanhã** em Fortaleza

   O Povo, 22 fev. 2017. Disponível em: <http://www.opovo.com.br/jornal/vidaearte/2017/02/indicado-ao-oscar-moonlight-estreia-amanha-em-fortaleza.html>. Acesso em: 27 fev. 2019.

   III. 10 coisas que você **talvez** não saiba sobre o Oscar

   BBC Brasil. *Folha de S.Paulo*, 26 fev. 2017. Disponível em: <http://www1.folha.uol.com.br/ilustrada/2017/02/1862198-10-coisas-que-voce-talvez-nao-saiba-sobre-o-oscar.shtml>. Acesso em: 27 fev. 2019.

- Marque a alternativa que indica a ordem correta de classificação dos advérbios/locuções adverbiais que aparecem em destaque nos títulos acima.

   (   ) tempo, lugar, intensidade

   (   ) lugar, tempo, dúvida

   (   ) lugar, tempo, afirmação

6. Leia a tira a seguir.

Fernando Gonsales. *Folha de S.Paulo*, 13 dez. 2016. Disponível em: <http://www1.folha.uol.com.br/ilustrada/cartum/cartunsdiarios/#13/12/2016>. Acesso em: 27 fev. 2019.

a) Identifique na tira os advérbios empregados para expressar as circunstâncias indicadas a seguir.

- Tempo: _____
- Modo: _____
- Intensidade: _____
- Modo: _____

b) Explique de que forma o emprego desses advérbios contribui para o efeito de humor na tira.

_____

c) Que palavra o advérbio *bem* está modificando? Explique.

_____

d) Inclua um advérbio nas falas do caramujo no 5º quadrinho, de acordo com a circunstância indicada entre parênteses.

- Batendo _____ papo. (advérbio de intensidade)
- Admirando _____ a paisagem. (advérbio de modo)

e) Reescreva a fala do último quadrinho, empregando um advérbio adequado caso o caramujo quisesse expressar uma ideia de negação da pressa.

_____

7. Leia o trecho a seguir, extraído de uma crônica de Martha Medeiros, cronista brasileira.

> Morre **lentamente** quem não viaja, quem não lê, quem não ouve música, quem não acha graça de si mesmo.
>
> Martha Medeiros. A morte devagar. Em: *Non-stop*: crônicas do cotidiano. Porto Alegre: L&PM, 2010. p. 145.

a) Qual é a circunstância expressa pelo advérbio em destaque no trecho?

_____

b) Explique o efeito de sentido causado pelo emprego desse advérbio.

_____
_____
_____

c) Que outro advérbio poderia ser empregado para substituir *lentamente* sem alterar o sentido do texto?

_____

8. Leia a seguir outro trecho de *Alice no país das maravilhas*.

> Era realmente **muito** estranho o grupo que se reuniu **na margem** – os pássaros com as penas enlameadas, os animais com o pelo grudado no corpo, e todos pingando, mal-humorados e constrangidos.
>
> A primeira questão era **certamente** saber como iriam se secar: tiveram uma conferência a esse respeito, e depois de alguns minutos Alice já achava **bem** natural estar ali falando **familiarmente** com aquelas criaturas, como se as tivesse conhecido a vida inteira. Na verdade, ela teve uma longa discussão com o Papagaio, que por fim emburrou e só repetia: "Sou mais velho que você, por isso devo saber mais". E isso Alice não queria admitir, sem saber que idade ele tinha, e como o Papagaio se recusava absolutamente a lhe dizer a idade, não havia mais o que falar.
>
> […]
>
> Lewis Carroll. *Alice no país das maravilhas*. Porto Alegre: L&PM, 2010. p. 37-38.

- Agora, observe os advérbios e as locuções adverbiais em destaque no trecho e, em seguida, ligue-os às respectivas circunstâncias que eles expressam.

muito; bem	afirmação
na margem	modo
certamente	intensidade
familiarmente	lugar

9. Leia a seguir o título, a linha fina e o início de uma notícia.

> **Conheça besouro que ameaça 1,8 mil árvores de Belo Horizonte**
>
> *Infestação de besouro e ataque às raízes deixa espécimes vulneráveis. Após identificar surto há quatro meses, prefeitura anuncia corte de emergência para **minimizar** risco no carnaval*
>
> Com até oito centímetros de comprimento, carapaça brilhante e capaz de **causar** estragos enormes, o chamado besouro metálico se tornou o novo inimigo número um das árvores de Belo Horizonte, deixando 1 800 espécimes sob alerta, monitorados por risco de ruir sobre pessoas, imóveis e veículos – como já ocorreu recentemente. […]
>
> Mateus Parreiras e Junia Oliveira. Conheça o besouro que ameaça 1,8 mil árvores de Belo Horizonte. *EM*, 8 fev. 2017. Disponível em: <http://www.em.com.br/app/noticia/gerais/2017/02/08/interna_gerais,845765/conheca-o-besouro-que-ameaca-1-8-mil-arvores-de-belo-horizonte.shtml>. Acesso em: 27 fev. 2019.

a) Por que a palavra *minimizar* é grafada com *z* e *causar* é grafada com *s*?

_____

_____

_____

b) Marque a seguir qual alternativa apresenta palavras que não seguem a mesma regra de ortografia de *minimizar* e *causar*, respectivamente.

( ) utilizar, pausa   ( ) canalizar, lousa

( ) humanizar, náusea   ( ) beleza, casa

10. Leia a seguir o título de uma notícia.

> Contra mau cheiro, caminhões de lixo no Japão têm sistema para exalar aroma de chocolate
>
> Osmar Portilho. UOL, 1º out. 2016. Disponível em: <http://virgula.uol.com.br/geek/contra-mau-cheiro-caminhoes-de-lixo-no-japao-tem-sistema-para-exalar-aroma-de-chocolate/#img=1&galleryId=1122822>. Acesso em: 27 fev. 2019.

a) Assinale qual das palavras a seguir é grafada com *x*, mas tem som de *z*.

( ) enxada   ( ) exalar   ( ) lixo

b) Agora, justifique o uso da letra *x* nessa palavra, de acordo com as regras que você já estudou.

_____

_____

11. Transforme os substantivos a seguir em verbos, empregando a grafia correta.

a) ameno: _____   c) útil: _____

b) final: _____   d) abuso: _____

12. Transforme os substantivos a seguir em adjetivos, empregando a grafia correta.

a) carinho: _____   c) mentira: _____

b) ansiedade: _____   d) cuidado: _____

13. Leia as palavras do quadro a seguir.

usina	azeite	veloz	exame	ousado
análise	passado	cãozinho	oxítona	norueguês

a) Em que palavras aparece o mesmo som da letra *z* da palavra *zangado*?

_____

b) Quais letras representam o mesmo som nessas palavras?

_____

c) Cite dois verbos formados pelo acréscimo da terminação *-ar* a um substantivo terminado em *s* + vogal.

> Exemplo: análise + *-ar* = analisar

_____

O verbo e sua estrutura

Ao observar a **estrutura de um verbo**, podemos obter várias informações importantes sobre ele.

- A parte do verbo que informa seu significado básico é chamada de **radical**. Em geral, o radical se mantém igual em todas as formas verbais.
- A parte que aparece depois do radical e indica a qual conjugação o verbo pertence é chamada de **vogal temática**. Há três:
  - vogal temática *a*: 1ª conjugação (verbos terminados em *-ar*);
  - vogal temática *e*: 2ª conjugação (verbos terminados em *-er*);
  - vogal temática *i*: 3ª conjugação (verbos terminados em *-ir*).
- A parte do verbo que indica o modo, o tempo, o número e a pessoa é chamada de **desinência**. Em relação a essas informações, a desinência pode expressar:
  - modo: indicativo, subjuntivo ou imperativo;
  - tempo: passado (pretérito), presente ou futuro;
  - número: singular ou plural;
  - pessoa: 1ª, 2ª ou 3ª.

Verbos regulares e verbos irregulares

- Os verbos da língua portuguesa são divididos em três grandes grupos, chamados de **conjugações**:
  - 1ª conjugação: verbos terminados em *-ar*;
  - 2ª conjugação: verbos terminados em *-er*;
  - 3ª conjugação: verbos terminados em *-ir*.
- Os verbos de uma mesma conjugação geralmente seguem o mesmo padrão de flexão, isto é, têm as mesmas terminações (de acordo com a pessoa, o número, o tempo e o modo no qual estão conjugados).
- Os verbos que mantêm o mesmo padrão de flexão dos demais verbos da mesma conjugação são chamados de **verbos regulares**.
- Nos verbos regulares, o radical se mantém sempre igual em todas as flexões (de pessoa, número, tempo e modo).
- Já os verbos que, ao serem conjugados, apresentam modificações em seu radical ou em sua terminação (ou nos dois ao mesmo tempo), não seguindo, portanto, o padrão de flexão dos verbos da conjugação, recebem o nome de **verbos irregulares**.

Palavras primitivas e palavras derivadas

Quanto à formação, as palavras na língua portuguesa podem ser primitivas ou derivadas.

- As **palavras primitivas** não são formadas a partir de outras palavras. Elas são compostas de radical e vogal temática. Exemplos: *planta*, *casa*.

- As **palavras derivadas** são aquelas que se originam de outras. Exemplos: *plantação*, *casebre*.
- A **derivação** é o processo de formação de palavras que se dá por meio do acréscimo de elementos – os **afixos** – ao radical de uma palavra.
- Há dois tipos de afixos: os **prefixos** (acrescentados antes do radical) e os **sufixos** (acrescentados depois do radical).
- Os tipos de derivação são:
  - **prefixal:** ocorre quando há acréscimo de um prefixo ao radical. Exemplo: *incomum*.
  - **sufixal:** ocorre quando há acréscimo de um sufixo ao radical. Exemplo: *saboroso*.
  - **prefixal** e **sufixal:** ocorre quando há acréscimo de um prefixo e de um sufixo ao radical, sendo que, se um deles for retirado, a palavra terá sentido. Exemplo: *deslealdade*.
  - **parassintética:** ocorre quando há acréscimo de um prefixo e de um sufixo ao radical, sendo que, se só um deles for retirado, a palavra perderá o sentido. Exemplo: *entristecer*.

Grafia de alguns verbos irregulares

- Os verbos *ter* e *vir* são verbos irregulares. Neles, emprega-se o acento circunflexo para diferenciar a terceira pessoa do singular (*tem*, *vem*) da terceira pessoa do plural (*têm*, *vêm*).
- Um verbo irregular não tem necessariamente todas as suas formas conjugadas de modo irregular. Pode acontecer de algumas delas se enquadrarem no padrão de conjugação dos verbos regulares.

▶ Praticando

1. Conjugue os verbos a seguir na 1ª pessoa do singular, preenchendo o quadro conforme os tempos e o modo verbal indicados.

VERBO	PRESENTE DO INDICATIVO	PRETÉRITO PERFEITO DO INDICATIVO	FUTURO DO PRESENTE DO INDICATIVO
estar	_____	_____	_____
dar	_____	_____	_____
crer	_____	_____	_____
ler	_____	_____	_____
ir	_____	_____	_____
rir	_____	_____	_____

2. Agrupe os verbos da atividade anterior de acordo com as conjugações.
   - 1ª conjugação: _____
   - 2ª conjugação: _____
   - 3ª conjugação: _____

3. Agora, leia o título a seguir.

> **Por que os pombos mexem a cabeça ao andar?**
>
>

Tauana Marin. *Diário do Grande ABC*, 29 nov. 2015. Disponível em: <http://www.dgabc.com.br/Noticia/1672942/por-que-os-pombos-mexem-a-cabeca-ao-andar>. Acesso em: 26 mar. 2019.

a) Explique a estrutura da forma verbal em destaque, identificando o radical, a vogal temática e a desinência.

_____

_____

b) Esse verbo é regular ou irregular? Explique.

_____

_____

_____

4. Leia o trecho a seguir.

> **Esqueça o calor insuportável. Dependendo do horário, o deserto pode ser congelante!**
>
> Entre as paisagens curiosas da natureza, o deserto é uma das principais. Nos filmes, sempre vemos camelos, cactos e as grandes dunas de areia que mudam de lugar de acordo com o vento. Mesmo assim, dá pra entender como as coisas funcionam por lá. [...]

Camila Baos. Viagem ao deserto: entenda essa área natural. Revista *Atrevidinha*, ed. 107. Disponível em: <http://atrevidinha.uol.com.br>. Acesso em: 13 maio 2015.

a) Classifique os verbos que aparecem destacados no título em regular ou irregular.

_____

_____

b) Em *esqueça*, que desinência de pessoa verbal permite identificar a quem o enunciador está se referindo?

_____

_____

c) Que outros verbos irregulares aparecem no texto?

_____

_____

d) Por que esses verbos são considerados irregulares?

_____

_____

5. Leia o trecho a seguir.

> **Contei** ao príncipe que, um dia, eu também conheci a rainha Elizabeth. Foi quando eu **morava** na Inglaterra, onde ela vive. **Estávamos** em uma pequena igreja, uma capela muito antiga. Fica nos fundos do Palácio de Windsor, a residência oficial da rainha e o maior castelo do mundo ainda ocupado. O maior do mundo!
> [...]
>
> Adriana Carranca. *Malala*: a menina que queria ir para a escola. São Paulo: Companhia das Letrinhas, 2015. p. 15.

- Escreva como é classificada cada uma das partes das formas verbais destacadas no trecho.

    a) **Cont -ei**

    b) **Mor -a -va**

    c) **Est -á -va -mos**

6. Observe os grupos de palavras a seguir. Assinale em cada grupo as palavras formadas por derivação.

    I. ( ) terra
       ( ) terrestre
       ( ) terráqueo

    II. ( ) floricultura
        ( ) flor
        ( ) floreira

    III. ( ) maré
         ( ) maresia
         ( ) mar

    IV. ( ) pedra
        ( ) pedreira
        ( ) pedraria

    a) As palavras derivadas de cada grupo foram formadas por meio de qual processo? Explique-o.

    b) Indique o radical de cada grupo de palavras.

    c) Forme mais uma palavra derivada para cada grupo, utilizando o mesmo processo de derivação.

7. Leia as frases abaixo e responda às questões.

I. Ao **amanhecer**, nós saímos para uma longa caminhada.
II. Nossa treinadora, **infelizmente**, cancelou o treino de hoje.

a) Indique o processo de formação das palavras destacadas em cada frase.
_____
_____

b) Indique o(s) afixo(s) que forma(m) o verbo destacado na frase **I**.
_____
_____

c) Se retirássemos um dos afixos desse verbo, a palavra resultante teria sentido? Explique.
_____
_____
_____

d) E se retirássemos um dos afixos do termo destacado na frase **II**, a palavra resultante ainda teria sentido? Explique.
_____
_____
_____
_____

8. Leia a tira a seguir.

Fernando Gonsales. *Folha de S.Paulo*, 1995.

a) Como o humor é construído nessa tira?
_____
_____
_____
_____

b) Há, na tira, duas palavras formadas por derivação sufixal, em que os sufixos assinalam a flexão de grau. Indique-as e informe em que grau elas estão.
_____

c) Se trocássemos a palavra *pobrezinho* por *pobretão*, o sentido da frase seria alterado? Explique sua resposta.

9. Agora, leia o título de uma notícia sobre o rompimento de uma barragem na cidade de Brumadinho, em Minas Gerais, no início de 2019.

> Um mês de Brumadinho: moradores não sabem como recomeçar a vida

Disponível em: <https://noticias.r7.com/brasil/um-mes-de-brumadinho-moradores-nao-sabem-como-recomecar-a-vida-25022019>. Acesso em: 27 mar. 2019.

a) No título, há uma palavra formada por derivação prefixal. Indique-a.

b) Qual é o prefixo dessa palavra? O que ele expressa: oposição ou repetição?

c) O rompimento da barragem em Brumadinho causou grandes desastres ao meio ambiente e à população da cidade. O que a palavra indicada anteriormente informa sobre as consequências dessa tragédia para os moradores?

10. Observe a tira a seguir.

Jim Davis. *Folha de S.Paulo*, 11 jun. 2015.

a) O que provoca o humor na tira?

b) Na tira há uma palavra derivada. Identifique-a.

c) Essa palavra é formada por qual processo de derivação?

d) Qual palavra primitiva deu origem a essa palavra?

11. Leia este título de notícia.

> Governo criará unidade para evitar **irregularidades** em compras públicas
>
> Disponível em: <http://www5.sefaz.mt.gov.br/-/11310817-governo-criara-unidade-para-evitar-irregularidades-em-compras-publicas>. Acesso em: 28 mar. 2019.

a) Assinale a alternativa correta sobre a palavra em destaque no título.
   ( ) É formada por derivação prefixal e sufixal.
   ( ) É formada por derivação parassintética.
   ( ) É formada por derivação sufixal.
   ( ) É formada por derivação prefixal.

b) Como poderíamos conferir a essa palavra um sentido oposto ao empregado no título da notícia?
   _____
   _____

c) Nesse caso, a compreensão do título da notícia seria prejudicada?
   _____
   _____

12. Complete as lacunas a seguir com *vem* ou *vêm*.

a) Pai, meu amigo _____ aqui hoje.

b) Os meninos _____ para a aula de futebol.

c) Ela sempre _____ vestida de branco.

d) Os professores _____ ao baile de formatura.

13. Complete as frases empregando o verbo indicado entre parênteses, de acordo com a norma-padrão.

a) Talvez não _____ mais nada na caixa de joias. (caber)

b) Ontem nós _____ o convite para a festa. (trazer)

c) Nós _____ aqui para trazer boas notícias e agora vamos embora. (vir)

d) Eu _____ aqui na terça-feira passada. (vir)

14. Complete os espaços a seguir com *tem* ou *têm*.

a) O jogador de futebol _____ treino todos os dias.

b) Não sei se ela _____ paciência para ouvir mais um sermão.

c) As pessoas equilibradas _____ um coração calmo.

15. Preencha as lacunas com as indicações entre parênteses.

a) Não sei se ele _____ as camisetas do time. (trazer / pretérito perfeito do indicativo)

b) Eles se _____ todos os dias. (ver / presente do indicativo)

c) As crianças _____ todos os presentes amanhã. (receber / futuro do presente do indicativo)

16. Complete as frases a seguir com o verbo entre parênteses, no tempo e no modo adequados ao contexto.

    a) Talvez ele não _____ amanhã. (ir)

    b) Eu _____ de longe, mas _____ para ficar. (vir)

    c) No mês passado, nós _____ do interior de São Paulo para o litoral de Sergipe de carro. (ir)

    d) Eu _____ a prova e atingi a nota necessária para passar de ano. (fazer)

17. Preencha a lacuna com o verbo indicado entre parênteses e classifique-o como verbo irregular ou regular.

    - Não _____ a mão suja na comida. Lave as mãos primeiro. (pôr)

    _____

18. Leia este trecho de notícia.

    Marie Curie. Este é provavelmente o primeiro nome que _____ à mente quando falamos de grandes mulheres cientistas. E, se bobear, é também o único. Apesar de serem pouco lembradas e _____ menos espaço nos livros de história, _____ um número enorme de cientistas notáveis além da fantástica pioneira da radioatividade – que _____ a primeira mulher a ser laureada com o Prêmio Nobel [...].

    ↑ Marie Curie (1867-1934).

    Jessica Soares. Série de cartazes celebra grandes mulheres das ciências. Revista *Superinteressante*, 17 fev. 2017. Disponível em: <http://super.abril.com.br/cultura/serie-de-cartazes-celebra-grandes-mulheres-das-ciencias/>. Acesso em: 28 mar. 2019.

    - Complete as lacunas empregando a grafia correta dos verbos irregulares apresentados no quadro a seguir.

haver	ter	ir	vir

19. Observe o verbo em destaque no título de notícia a seguir.

    Astrônomos **assistem** ao "renascimento" de uma estrela pela primeira vez

    Humberto Abdo. Revista *Galileu*, 15 set. 2016. Disponível em: <http://revistagalileu.globo.com/Ciencia/noticia/2016/09/astronomos-assistem-ao-renascimento-de-uma-estrela-pela-primeira-vez.html>. Acesso em: 28 mar. 2019.

    a) Por qual verbo irregular o verbo *assistir* pode ser substituído sem alterar o sentido do texto?

    _____

    _____

    b) Reescreva o título substituindo o verbo e fazendo as adequações necessárias.

    _____

    _____

    c) Empregando o mesmo verbo do item anterior, reescreva o título no singular.

    _____

    _____

Frase, oração e período

- Qualquer palavra ou conjunto de palavras ordenadas que, em um determinado contexto, apresenta **sentido completo** recebe o nome de **frase**.
- Uma frase pode ou não conter verbo.
- As frases em que há pelo menos um verbo são chamadas de **frases verbais**.
- As frases em que não há verbos são chamadas de **frases nominais**.
- **Oração** é a frase que se organiza em torno de um único verbo ou locução verbal.
- Dá-se o nome de **período** à frase organizada por uma ou mais orações.
- O período inicia-se com letra maiúscula e termina com a pontuação adequada ao que se quer expressar (ponto-final, pontos de exclamação e de interrogação, reticências).
- Há dois tipos de período: **período simples** (formado por uma oração) e **período composto** (formado por mais de uma oração).

Sujeito e predicado

- O estudo de **classes gramaticais** e de flexões de palavras pertence à **morfologia**. Identificar e entender as **combinações** e **funções** dos termos de uma oração pertence ao estudo da **sintaxe**. A análise do sujeito e do predicado de uma oração, portanto, está relacionada ao estudo da sintaxe.
- **Sujeito** é o ser sobre o qual se faz determinada declaração.
- **Predicado** é tudo o que diz respeito a determinado sujeito.
- Tanto o sujeito quanto o predicado são denominados **termos essenciais da oração**, pois a maioria das orações se organiza com base na relação entre esses dois termos.
- Entre as palavras que compõem o sujeito de uma oração há uma palavra **principal**, que concentra o significado desse termo. Essa palavra recebe o nome de **núcleo do sujeito**. O mesmo acontece com o predicado, cuja palavra principal é denominada **núcleo do predicado**.

Mau ou mal

- A palavra *mau* significa "de má índole", "ruim", "de má qualidade". Apresenta a forma feminina *má*. Opõe-se à palavra *bom*.
- A palavra *mal*, dependendo do contexto, pode ter vários significados, como "erradamente", "maldade" e "irregularmente". Opõe-se à palavra *bem*.

A gente ou agente

- *A gente* é uma expressão muito utilizada no registro informal e equivale ao pronome *nós*. O verbo que acompanha a expressão *a gente* deve sempre ser empregado na terceira pessoa do singular, de acordo com a tradição normativa da gramática.
- *Agente* designa a pessoa que exerce cargo ou função como representante de uma instituição ou organismo.

▶ Praticando

1. Observe a seguir a primeira página do *Metro Jornal*.

IBRA NO ÍBIS? OS MELHORES TUÍTES DO 'PIOR DO MUNDO' PÁG.24

CRIANÇAS, CHEGUEI! NOVA VERSÃO DE 'DESVENTURAS EM SÉRIE' CHEGA AO NETFLIX PÁG.16

metro

Sem verba, Estado muda planos para metrô no ABC

Novo capítulo. Após ter empréstimo negado pelo governo federal por não apresentar garantias financeiras, governo estadual busca novas alternativas para tirar do papel linha de monotrilho que ligará São Bernardo à capital; início das obras segue sem prazo definido PÁG.02

AGORA VAI? Mesmo com liminar impedindo aumento, EMTU cobrou R$ 4,30 no trólebus ontem; Estado informou que irá cumprir decisão e tarifa volta a R$ 4 hoje PÁG.04

Ônibus serão revistados em praias do Rio
Governo espera acabar com os arrastões com as inspeções feitas pela guarda municipal PÁG.06

Baixas temperaturas na Europa ameaçam grupos de refugiados
Milhares ainda estão abrigados em barracas sem infra-estrutura para suportar a intensa onda de frio PÁG.12

Ano novo, vida nova
Michel Bastos chega ao Verdão e se diz 'em casa' PÁG.22

Metro Jornal ABC, 13 jan. 2017. Disponível em: <http://www.metrojornal.com.br/pdf/assets/pdfs/20170113_MetroABC.pdf>. Acesso em: 3 mar. 2017.

a) Identifique as frases nominais presentes na primeira página do jornal.

b) Entre os títulos em destaque na página do jornal, identifique aqueles que são compostos de frases verbais.

c) Explique a diferença entre frase nominal e frase verbal.

2. Observe os cartazes de filmes a seguir.

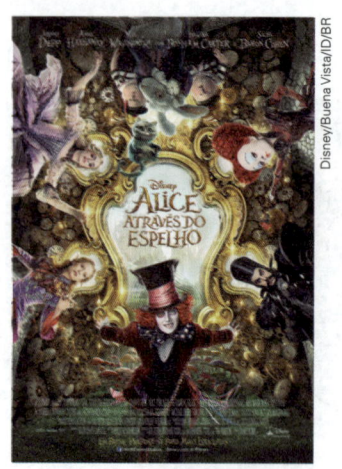

↑ Cartaz do filme *Alice através do espelho*, lançado em 2016.

↑ Cartaz do filme *Branca de Neve e o caçador*, lançado em 2012.

- Assinale a alternativa correta sobre o tipo de frase empregada nos títulos dos filmes.
  - (   ) São frases nominais.
  - (   ) São frases verbais.
  - (   ) O primeiro título apresenta frase verbal e o segundo, frase nominal.

3. Leia estes trechos, extraídos da página de jornal da atividade 1.

I. Crianças, cheguei!

II. Nova versão de 'Desventuras em série' chega ao Netflix

III. Sem verba, Estado muda planos para metrô no ABC

IV. Ônibus serão revistados em praias do Rio

V. Baixas temperaturas na Europa ameaçam grupos de refugiados

a) Preencha o quadro abaixo, indicando os verbos presentes em cada um dos trechos acima.

TRECHO I	TRECHO II	TRECHO III	TRECHO IV	TRECHO V

b) Com base no item anterior, é possível concluir que cada trecho apresentado é formado por quantas orações? Como você chegou a essa conclusão?
_____
_____

c) De acordo com as suas respostas aos itens anteriores, é possível afirmar que esses trechos são períodos simples ou compostos? Explique.
_____

4. Releia os trechos a seguir, extraídos da mesma página de jornal.

   I. Após ter empréstimo negado pelo governo federal por não apresentar garantias financeiras, governo estadual busca novas alternativas para tirar do papel linha de monotrilho que ligará São Bernardo à capital; início das obras segue sem prazo definido

   II. Mesmo com liminar impedindo aumento, EMTU cobrou R$ 4,30 no trólebus ontem; Estado informou que irá cumprir decisão e tarifa volta a R$ 4 hoje

   III. Milhares ainda estão abrigados em barracas sem infraestrutura para suportar a intensa onda de frio

   - Esses trechos são classificados como períodos simples ou compostos? Por quê?
   _____
   _____

5. Classifique as frases a seguir em verdadeiras (**V**) ou falsas (**F**).
   ( ) A sintaxe estuda as classes de palavras e suas formas.
   ( ) A sintaxe estuda as combinações entre os termos da oração e suas funções.
   ( ) Palavras de uma mesma classe gramatical não podem exercer funções sintáticas diferentes.
   ( ) A análise das flexões de palavras faz parte da morfologia.
   ( ) Identificar sujeito e predicado em uma oração faz parte da análise sintática.
   ( ) Identificar substantivo, verbo, artigo e adjetivo de uma oração faz parte da análise morfológica.

6. Leia os títulos das reportagens a seguir.

   I. Fósseis mais antigos do mundo são encontrados no Canadá

   Matthew Dodd. Revista *Galileu*, 2 mar. 2017. Disponível em: <http://revistagalileu.globo.com/Ciencia/noticia/2017/03/fosseis-mais-antigos-do-mundo-sao-encontrados-no-canada.html>. Acesso em: 26 mar. 2019.

   II. Médica brasileira está entre os 10 cientistas mais importantes do mundo

   Revista *Galileu*, 20 dez. 2016. Disponível em: <http://revistagalileu.globo.com/Ciencia/noticia/2016/12/medica-brasileira-esta-entre-os-10-cientistas-mais-importantes-do-mundo.html>. Acesso em: 26 mar. 2019.

   - Preencha o quadro, identificando o sujeito, o núcleo do sujeito e o predicado dos títulos acima.

TÍTULO I		TÍTULO II	
Quantidade de orações		Quantidade de orações	
Sujeito		Sujeito	
Núcleo do sujeito		Núcleo do sujeito	
Predicado		Predicado	

7. Preencha as lacunas das frases, empregando corretamente cada um dos conceitos estudados na página 36.

a) Aquele sobre o qual se faz uma declaração é classificado como _____.

b) _____ é aquilo que se declara sobre o sujeito.

c) A palavra que concentra o significado do sujeito, assim como a palavra que concentra o significado do predicado, recebe o nome de _____.

d) O núcleo do _____ pode ser um substantivo, um pronome, um numeral ou uma palavra substantivada.

e) O núcleo do _____ pode ser um verbo significativo, um adjetivo, um substantivo, um pronome, um numeral ou uma palavra substantivada.

8. Observe as fotografias e crie orações para compor a legenda delas. Em seguida, especifique o sujeito, o núcleo do sujeito, o predicado e o núcleo do predicado de cada legenda criada. Veja o exemplo a seguir.

- Oração: *Várias crianças alegres se abraçam na piscina.*
- Sujeito: *Várias crianças alegres*
- Núcleo do sujeito: *crianças*
- Predicado: *se abraçam na piscina*
- Núcleo do predicado: *abraçam*

- Oração: _____
- Sujeito: _____
- Núcleo do sujeito: _____
- Predicado: _____
- Núcleo do predicado: _____

- Oração: _____
- Sujeito: _____
- Núcleo do sujeito: _____
- Predicado: _____
- Núcleo do predicado: _____

- Oração: _____
- Sujeito: _____
- Núcleo do sujeito: _____
- Predicado: _____
- Núcleo do predicado: _____

9. Determine o núcleo do sujeito e o núcleo do predicado das frases a seguir.

a) Os livros de Clarice Lispector encantam os leitores.

Núcleo do sujeito: _____

Núcleo do predicado: _____

b) Os filmes de terror atraem os telespectadores.

Núcleo do sujeito: _____

Núcleo do predicado: _____

c) Muitos pássaros migram para o polo Norte durante o inverno.

Núcleo do sujeito: _____

Núcleo do predicado: _____

d) A crise humanitária dos refugiados sírios na Europa se intensificou seriamente nos últimos meses.

Núcleo do sujeito: _____

Núcleo do predicado: _____

e) As praias brasileiras recebem muitos turistas durante as férias de dezembro.

Núcleo do sujeito: _____

Núcleo do predicado: _____

10. Leia um trecho de um texto expositivo.

> **A água constitui aproximadamente 75% dos corpos dos seres vivos.** Sendo assim, é indispensável à vida. A água é um excelente solvente, ajuda a dissolver os alimentos, capta substâncias que tomam parte nas reações químicas que ocorrem em nossos corpos, carrega as substâncias pelo seu corpo e toma parte do controle da temperatura. [...]

Maria Silvia Abrão. Alimentação: minerais, vitaminas e água. UOL Educação. Disponível em: <https://educacao.uol.com.br/disciplinas/ciencias/alimentacao-2-minerais-vitaminas-e-agua.htm>. Acesso em: 26 mar. 2019.

a) Que orações do texto acima têm como sujeito a água?

_____

_____

_____

_____

_____

_____

b) Qual é o núcleo do sujeito da oração destacada no trecho?

_____

_____

c) Qual é o núcleo do predicado da oração em destaque?

_____

_____

11. Leia o título da reportagem a seguir.

> **Bem-humorado**, filme finlandês sobre refugiado encanta plateia no Festival de Berlim
>
> O Globo, 14 fev. 2017. Disponível em: <http://oglobo.globo.com/cultura/filmes/bem-humorado-filme-finlandes-sobre-refugiado-encanta-plateia-no-festival-de-berlim-20924181>. Acesso em: 26 mar. 2019.

   a) Explique o que significa a expressão em destaque no trecho.
   _____
   _____

   b) Reescreva-o, dando-lhe um sentido contrário ao que apresenta no texto.
   _____

12. Leia as expressões a seguir e preencha as lacunas empregando *bem/bom* ou *mal/mau*, de acordo com o sentido indicado entre parênteses.

   a) _____ gosto (escolha estética de gosto duvidoso)
   b) _____ gosto (escolha estética de qualidade)
   c) _____-estar (estado satisfatório do organismo)
   d) _____-estar (estado desagradável do organismo)
   e) _____-caráter (pessoa não confiável e má)
   f) _____ caráter (pessoa confiável, virtuosa)

   - O que é possível concluir em relação ao emprego de *bem/bom* e *mal/mau*?
   _____
   _____

13. Complete os ditados populares a seguir, empregando *bom/boa*, *mau/má* ou *bem/mal*.

   a) Antes calar que _____ falar.
   b) Antes só que _____ acompanhado.
   c) Faça o _____ sem olhar a quem.
   d) Não dá quem tem, dá quem quer _____.
   e) Para _____ entendedor, meia palavra basta.
   f) Se quer ser _____ juiz, ouve o que cada um diz.
   g) Mais vale um _____ acordo que uma boa demanda.
   h) O medo é _____ companheiro.
   i) Erva _____ depressa cresce.
   j) É um grande _____ não fazer o bem.
   k) Mais custa _____ fazer, que bem fazer.
   l) Como o verniz cobre um pote de barro, as palavras fingidas cobrem um coração _____.
   m) O violeiro quando é _____ põe a culpa na viola.

   Domínio público.

14. Leia os trechos a seguir.

I. Todo mundo provavelmente já ouviu falar sobre a CIA. Ou pelo menos da história de algum **agente** da CIA. A *Central Intelligence Agency*, ou Agência Central de Inteligência, é uma das organizações mais importantes e respeitadas dos Estados Unidos. [...]

CIA: conheça o processo seletivo para se tornar um agente secreto. ?Ahduvido. Disponível em: <http://ahduvido.com.br/como-funciona-treinamento-agente-da-cia>. Acesso em: 26 mar. 2019.

II. Por que **a gente** espreguiça?

Revista *Recreio*, 11 mar. 2017. Disponível em: <http://recreio.uol.com.br/noticias/curiosidades/por-que-a-gente-espreguica.phtml#.WLsg7VXyuUk>. Acesso em: 26 mar. 2019.

- Agora, marque verdadeiro (**V**) ou falso (**F**) para as explicações a seguir sobre o emprego das expressões em destaque nos trechos anteriores.

    a) (   ) No trecho **I**, *agente* significa algo equivalente ao pronome *nós*.

    b) (   ) No trecho **I**, *agente* significa uma pessoa que exerce um cargo em uma instituição, no caso a CIA.

    c) (   ) No trecho **II**, *a gente* significa algo equivalente ao pronome *nós*.

    d) (   ) No trecho **II**, *a gente* significa uma pessoa que exerce um cargo em uma instituição.

15. Complete as lacunas a seguir, empregando *a gente* ou *agente*.

   a) Por que _____ sonha enquanto dorme?

   b) Tornar-se um _____ secreto exige muito trabalho e dedicação.

16. Reescreva as frases abaixo substituindo o termo em destaque por *nós* fazendo as modificações necessárias.

   a) **A gente** vai para a festa da Marisa no sábado.

   _____

   b) Não sei como **a gente** vai terminar de estudar a matéria até amanhã.

   _____

   c) **A gente** pode ir com você, mãe?

   _____

17. Agora, leia um provérbio português.

A verdade ensina o caminho, mas a mentira confunde **toda a gente**.

   a) Explique a expressão destacada no provérbio. Que pronome pode substituir essa expressão, mantendo o mesmo sentido?

   _____
   _____

   b) Com base na resposta do item anterior, reescreva a frase substituindo a expressão em destaque. Faça alterações, se necessário.

   _____
   _____

Tipos de sujeito

Sujeitos simples, composto e desinencial

Algumas orações apresentam um sujeito expresso por uma palavra ou por um conjunto de palavras.

- Quando o sujeito é composto de apenas um núcleo, ele recebe o nome de **sujeito simples**.
- Quando o sujeito apresenta dois ou mais núcleos, ele é classificado como **sujeito composto**.
- Quando o sujeito não é expresso por uma ou mais palavras independentes do verbo, mas pode, no contexto de uso, ser identificado pela desinência verbal, é classificado como **sujeito oculto** ou **sujeito desinencial**.

Sujeito indeterminado e oração sem sujeito

- Quando o sujeito de uma oração não é expresso por uma ou mais palavras independentes do verbo e também não pode, no contexto de uso, ser identificado pela desinência verbal, ele é classificado como **sujeito indeterminado**.
- Quando uma oração apresenta um **verbo impessoal**, ou seja, um verbo cuja ação não pode ser atribuída a nenhum ser, ela é uma **oração sem sujeito**. Os principais casos de oração sem sujeito ou **sujeito inexistente** ocorrem em:
  - verbos que exprimem fenômenos da natureza (*chover*, *trovejar*, *nevar*, etc.);
  - verbo *haver* utilizado com o sentido de *existir*;
  - verbos *haver*, *fazer* e *ir* quando indicam tempo transcorrido;
  - verbo *ser* quando indica tempo em geral.
- Na norma-padrão, o verbo *haver*, quando utilizado no sentido de *existir*, não sofre flexão de número, ou seja, é empregado sempre no singular. Já o verbo *existir* é flexionado normalmente.

Emprego do c, ç, s e ss

- Na ortografia, o som representado pela letra **c** na palavra *felicidade* também pode ser representado em diversas palavras pelas letras **ç** e **s** e pelo dígrafo **ss**.
- O uso de **c** e **ç** pode ser verificado:
  - em palavras de origem árabe, tupi ou africana.
  - na terminação **-ção** dos substantivos que se originam de verbos terminados em **-ter**, **-tir**, **-der** e **-mir**. Ex.: *aten**ção*** (do verbo *aten**der***).
  - após ditongos como **ei**, **oi** e **ou**; antes de **e** e **i** (letra **c**) e antes de **a**, **o** e **u** (letra **ç**).
- O uso de **ss** pode ser verificado:
  - no final de alguns substantivos derivados de verbos terminados em **-der**, **-dir**, **-ter**, **-tir** e **-mir**, em que essas terminações desaparecem. Ex.: *ce**ss**ão* (verbo *ce**der***).
  - entre vogais (e nunca depois de consoantes). Ex.: *pa**ss**ar*, *nece**ss**idade*.
- O uso de **s** pode ser verificado:
  - em substantivos derivados de verbos terminados em **-ter**, **-tir**, **-der** e **-dir**, em que essas terminações desaparecem e o som representado pelo **s** vem depois de **n** ou **r**. Ex.: *diver**s**ão* (do verbo *diver**tir***), *suspen**s**ão* (do verbo *suspen**der***).
  - na terminação **-ense**. Ex.: *canad**ense***, *para**ense***.

▶ Praticando

1. Leia as frases a seguir e identifique o tipo de sujeito em cada uma delas. Para isso, marque **S** para sujeito simples, **C** para sujeito composto e **D** para sujeito desinencial.

   a) (   ) Desenvolveram, nos últimos anos, diversas pesquisas para a cura do câncer.

   b) (   ) Muitas obras de arte foram saqueadas durante o nazismo.

   c) (   ) João Martins de Athayde e Leandro Gomes de Barros são dois importantes cordelistas paraibanos.

   d) (   ) Pina Bausch é uma dançarina, coreógrafa e diretora de dança alemã.

2. Leia a seguir a linha fina e o início de uma reportagem sobre 20 museus mais visitados em todo o mundo.

   *Fósseis de dinossauros, aviões e obras de arte que atravessaram séculos **são** destaques de exposições, segundo o site CNN*

   Museus **oferecem** um encontro com a história e a cultura, permitindo apreciar a arte e aprender sobre a humanidade, a ciência e a natureza. Algumas das principais cidades do mundo **têm** em seus roteiros museus importantíssimos, como o Louvre, de Paris, e o Tate, de Londres. [...]

   ↑ Museu de História Natural em Chicago, EUA.

   História e arte: confira os 20 museus mais visitados do mundo. Terra. Disponível em: <https://www.terra.com.br/vida-e-estilo/turismo/internacional/historia-e-arte-confira-os-20-museus-mais-visitados-do-mundo,48eafa1a92711410VgnVCM5000009ccceb0aRCRD.html>. Acesso em: 28 fev. 2019.

   a) Qual é o sujeito da forma verbal *são*, empregada na linha fina?

   b) Como esse sujeito é classificado? Por quê?

   c) Quais são os sujeitos que realizam as ações expressas pelas formas verbais *oferecem* e *têm*, em destaque no texto?

   d) Como esses dois sujeitos são classificados? Explique.

3. Complete as lacunas a seguir, empregando a classificação correta de cada um dos tipos de sujeito.

   a) Quando um sujeito é composto por apenas um núcleo, ele recebe o nome de sujeito _____.

   b) Quando um sujeito é composto por mais de um núcleo, ele recebe o nome de sujeito _____.

   c) Quando o sujeito não é expresso por uma ou mais palavras independentes do verbo, mas pode, no contexto de uso, ser identificado pela desinência verbal, ele é classificado como sujeito _____ ou _____.

4. O trecho a seguir foi extraído do livro *Frankenstein*, da escritora inglesa Mary Shelley (1797-1851). A obra narra a história de Victor Frankenstein, um estudante de ciências naturais que dá vida a uma criatura. O trecho é de uma carta que Victor recebe de seu pai, que mora distante dele, dando-lhe notícias de seu irmão William.

   > Meu caro Victor,
   >
   > Provavelmente **esperaste** com impaciência por uma carta marcando a data de tua volta para nós; **fiquei** tentado, de início, a escrever apenas algumas linhas, simplesmente mencionando o dia em que **estaria** a te aguardar. Mas teria sido a crueldade em forma de gentileza, e não **ouso** fazer isso. Que surpresa não **terias**, meu filho, se, ao contrário do contentamento e da felicidade de boas-vindas que **esperavas** encontrar, te **deparaste** com lágrimas e desolação? Como **poderei** relatar a ti nosso infortúnio, Victor? A distância não terá sido capaz de tornar-te insensível a nossas alegrias e tristezas; como infligir esta dor a meu filho há tanto tempo ausente? **Queria** poder te preparar para a terrível notícia, mas **sei** que é impossível; agora mesmo teus olhos correm a página à procura das palavras que carregam a horrenda novidade.
   >
   > William está morto! Aquela doce criança, cujos sorrisos aqueciam e deleitavam meu coração, um menino tão gentil e, ao mesmo tempo, tão alegre! William foi assassinado, Victor!
   >
   > [...]

   Mary Shelley. *Frankestein ou o Prometeu moderno*. São Paulo: Penguin-Companhia das Letras, 2015. p. 149.

   a) A intenção inicial do pai de Victor era apenas escrever uma breve carta marcando a data da volta do filho. Por que ele muda de ideia e afirma que isso "teria sido a crueldade em forma de gentileza"?

   _____
   _____
   _____
   _____

   b) Observe as formas verbais em destaque no trecho. Elas expressam ações ou o estado de determinados sujeitos. Identifique o sujeito de cada uma delas.

   _____
   _____
   _____

   c) Como você identificou esses sujeitos?

   _____

   d) Como são classificados os sujeitos identificados?

   _____

5. Leia a seguir um poema do escritor português Fernando Pessoa (1888-1935).

Contemplando o lago mudo

Contemplo o lago mudo
que uma brisa estremece.
Não sei se penso em tudo
ou se tudo me esquece.

O lago nada me diz,
não sinto a brisa mexê-lo.
Não sei se sou feliz
nem se desejo sê-lo.

Trêmulos vincos risonhos
Na água adormecida.
Por que fiz eu dos sonhos
a minha única vida?

Fernando Pessoa. Contemplo o lago mudo. Em: *Cancioneiro*. Disponível em: <http://arquivopessoa.net/textos/125>. Acesso em: 28 fev. 2019.

a) Leia novamente o primeiro verso do poema. Observe que, nesse verso, o eu lírico indica uma ação realizada por um sujeito. Qual é a ação e por quem ela é realizada? Justifique sua resposta.

b) Baseando-se na resposta dada para a questão acima, indique como podemos classificar o sujeito que realiza a ação de contemplar no primeiro verso do poema. Justifique sua resposta.

c) Leia o poema de Fernando Pessoa novamente, desta vez buscando outros exemplos de verbos que indicam ações realizadas pelo mesmo tipo de sujeito. Organize os exemplos que encontrar indicando em que versos do poema eles estão.

6. Leia agora o trecho de um dos cordéis que inspiraram Ariano Suassuna (1927-2014) a criar o *Auto da Compadecida*. No trecho, o eu lírico reflete sobre o efeito do dinheiro na sociedade e no homem.

> Porque o dinheiro na terra
> **É** capa que tudo encobre,
> Cubra um cachorro com ouro
> Que ele tem que ficar nobre,
> É superior ao dono
> Se acaso o dono for pobre.
>
> Eu já vi narrar um fato
> Que fiquei admirado,
> Um sertanejo me **disse**
> Que no século passado (XIX)
> **Viu** enterra um cachorro
> Com honras de um potentado.
> [...]

Leandro Gomes de Barros. *O testamento do cachorro*. Parnamirim: Chico, 2009. p. 4.

- Sobre os tipos de sujeito presentes nessas duas estrofes de cordel, marque verdadeiro (**V**) ou falso (**F**).

a) (   ) O núcleo do sujeito do verbo *ser* (primeira estrofe) é *dinheiro*; portanto, o sujeito é simples.

b) (   ) O núcleo do sujeito do verbo *ser* (primeira estrofe) é *tudo*; portanto, o sujeito é simples.

c) (   ) O núcleo do sujeito do verbo *dizer* (segunda estrofe) é *século passado*; portanto, o sujeito é simples.

d) (   ) O núcleo do sujeito do verbo *dizer* (segunda estrofe) é *sertanejo*; portanto, o sujeito é simples.

e) (   ) O sujeito do verbo *ver* é um sujeito desinencial.

7. Leia as frases a seguir.

I. Em 2016, nevou no deserto do Saara, o maior e mais quente deserto do mundo.

II. Depois de muitos meses de seca intensa, choveu no sertão nordestino.

III. Venta muito em algumas cidades brasileiras.

IV. No deserto do Atacama, no Chile, um dos desertos mais secos do mundo, chove muito pouco.

V. Em Aomori, no Japão, neva muito.

a) Identifique em cada frase as formas verbais empregadas.

___

b) O que as formas verbais identificadas expressam?

___

c) Como podemos classificar essas orações? Justifique sua resposta.

___

8. Leia o trecho a seguir, extraído de um conto popular.

> **Houve** uma época... Oh! **Há** uma eternidade... quando os animas e os humanos da Terra eram tão intimamente unidos uns aos outros que quase não se diferenciavam. As mulheres, os ursos, os homens, as perdizes, as crianças, as raposas, os lobos, os salmões, todos se entendiam às mil maravilhas e conversavam à vontade.
>
> Sua amizade era tão sólida, sua vida de todos os dias tão entrelaçada, que acontecia de um grande pelicano adotar espontaneamente uma criança órfã e a educar à sua maneira, sem distinção, entre seus próprios filhotes, em seu imenso ninho redondo construído nas altas relvas.
>
> Às vezes, era uma avó que, à noite, fazia adormecer, entoando uma canção de ninar, uma raposinha perdida, um lobinho sem lar, uma ninhada de coelhinhos cujos pais haviam viajado por alguns dias.
>
> É claro que **havia** pequenas discussões que explodiam de tempos em tempos, mas tudo era logo esquecido ali na floresta.
>
> [...]
>
> Flávio Moreira da Costa (Org.). Os quatro irmãos vento. Em: *Os grandes contos populares do mundo*. Rio de Janeiro: Ediouro, 2005. p. 131.

a) Observe alguns usos do verbo *haver* em destaque no trecho. Em seguida, relacione-os ao sentido com que foram empregados.

 I. Verbo *haver* indicando sentido de *existir*.

 II. Verbo *haver* indicando tempo transcorrido.

   (   ) Houve (1º parágrafo).

   (   ) Há (1º parágrafo).

   (   ) Havia (4º parágrafo).

b) Reescreva a(s) frase(s) em que foi empregado o verbo *haver* com sentido de *existir*, substituindo-o por *existir*. Lembre-se de fazer as adequações necessárias.

_____

_____

_____

c) O que é possível concluir sobre o sujeito que expressa a ação nos dois diferentes usos do verbo *haver*? Explique.

_____

_____

_____

d) Agora, observe este trecho, retirado do mesmo texto.

> Às vezes, era uma avó que, à noite, fazia adormecer, entoando uma canção de ninar, uma raposinha perdida, um lobinho sem lar, uma ninhada de coelhinhos cujos pais **haviam** viajado por alguns dias.

- Por que, nesse caso, houve flexão de número no verbo *haver*? Qual é o tipo de sujeito desse verbo?

_____

_____

9. Leia a tira a seguir.

Fernando Gonsales. *Folha de S.Paulo*, 9 fev. 2017. Disponível em: <http://www1.folha.uol.com.br/ilustrada/cartum/cartunsdiarios/?cmpid=menupe#9/2/2017>. Acesso em: 28 fev. 2019.

a) Releia o primeiro quadrinho da tira. Identifique o sujeito e classifique-o.

_____

b) Observe esta frase da tira.

> **Dizem** que eles podem sugar nosso cérebro.

- Agora, assinale a alternativa correta sobre o tipo de sujeito que expressa a ação do verbo em destaque.
    - (   ) O sujeito é desinencial, pois, pela desinência do verbo, é possível identificá-lo com a ajuda do contexto da tira.
    - (   ) O sujeito é indeterminado, pois não há palavra independente do verbo que exerça a função de sujeito, e a desinência do verbo também não permite identificá-lo pelo contexto.
    - (   ) O sujeito aparece após o verbo e é simples ("eles").
    - (   ) Oração sem sujeito, pois apresenta um verbo impessoal.

10. Relacione as frases a seguir ao tipo de sujeito presente nelas.

    I. Sujeito simples
    II. Sujeito composto
    III. Sujeito desinencial
    IV. Sujeito indeterminado
    V. Oração sem sujeito

    (   ) Disseram que a estreia do filme *Logan* no Brasil seria no começo de março.
    (   ) Na última feira de adoção de animais, havia muitos gatos à espera de um lar.
    (   ) Malala Yousafzai e Kailash Satyarthi receberam o Nobel da Paz em 2014.
    (   ) Muitos refugiados estão procurando asilo político na Europa.
    (   ) Digo e repito: a leitura é um dos melhores prazeres da vida.

11. Escreva o substantivo derivado de cada um dos verbos nos espaços a seguir, empregando a grafia correta.

    a) inverter: _____   e) agredir: _____
    b) permitir: _____   f) compreender: _____
    c) divertir: _____   g) converter: _____
    d) pretender: _____   h) confundir: _____

12. Sobre o uso de *c* e *ç* com o mesmo som de *c* em *felicidade*, preencha a cruzadinha ao lado.
    1. Sinônimo de morrer.
    2. Ingrediente utilizado para adoçar alimentos.
    3. Diz-se de algo relativo a um país, que pertence a uma nação.
    4. Veículo de duas rodas não motorizado.
    5. Sinônimo de lábio.

13. Leia a seguir o trecho de um cordel que apresenta a biografia do pintor holandês Vincent van Gogh. Preencha as lacunas empregando a grafia correta das palavras.

    Numa bela tarde
    Van Gogh conhe____eu
    A arte japonesa
    Logo lhe conven____eu
    Com a varia____ão de cores
    Tudo logo floresceu

    Os quadros de Van Gogh
    Pa____aram a ter outra textura
    Usando as cores vivas
    Foi mudando a figura
    Foi pintando paisagens
    Dando outra te____itura.
    [...]

    Sírlia Sousa de Lima. *Vincent van Gogh*: a plasticidade e os sentimentos de um gênio incompreendido. Natal: Casa do Cordel, 2010. p. 4-5.

14. Complete as lacunas a seguir, empregando a grafia correta das palavras. Em seguida, localize-as no diagrama.
    a) a____etona / a____íduo / a____ar
    b) pa____atempo / chati____e / ca____oar
    c) can____a____o / a____oalho / mo____idade
    d) an____iedade / en____aboar / emo____ão
    e) la____o / bei____o / foi____e

C	A	R	C	A	Ç	O	A	R	S	I	S	A	S	S	A	R	P
H	S	A	A	P	A	A	N	S	I	E	D	A	D	E	A	T	O
A	T	I	N	R	A	T	U	I	A	A	N	A	U	N	A	R	U
T	A	B	S	E	A	C	E	T	O	N	A	R	A	S	B	S	A
I	R	D	A	S	S	O	A	L	H	O	P	O	F	A	E	E	D
C	L	A	Ç	O	A	O	F	A	D	E	A	G	J	B	A	S	F
E	I	P	O	O	C	E	M	O	Ç	Ã	O	L	F	O	I	C	E
A	S	S	Í	D	U	O	F	O	O	S	A	O	F	A	C	A	D
G	A	B	E	I	Ç	O	C	A	J	O	B	V	P	R	M	M	J
C	T	A	D	L	I	V	U	A	M	O	C	I	D	A	D	E	L
P	A	S	S	A	T	E	M	P	O	R	A	O	G	O	I	A	P

Transitividade verbal

- São chamados de **verbos intransitivos** aqueles que não precisam de complemento para que seus sentidos sejam inteiramente compreendidos.
- Os **verbos transitivos**, por sua vez, precisam de complemento para que seus sentidos sejam inteiramente compreendidos em determinado contexto.
- Os verbos que se ligam diretamente aos complementos, ou seja, sem preposição, recebem o nome de **verbos transitivos diretos**.
- Os verbos que exigem preposição para se conectarem aos complementos são classificados como **verbos transitivos indiretos**.
- **Verbos transitivos diretos e indiretos** ou **verbos bitransitivos** são aqueles que necessitam de dois complementos para ter seu sentido completo: um complemento sem preposição e o outro antecedido de preposição.
- Os verbos são classificados quanto à transitividade de acordo com o contexto em que são empregados na oração.

Objeto direto e objeto indireto

- O complemento que se liga diretamente ao verbo, sem ser antecedido de preposição, é chamado de **objeto direto**.
- O complemento que se liga ao verbo por meio de preposição é chamado de **objeto indireto**.
- Em uma oração, os **pronomes pessoais retos** desempenham a função de sujeito; já os **pronomes pessoais oblíquos** desempenham a função de objeto.
- Os pronomes pessoais retos são: *eu*, *tu*, *ele/ela*, *nós*, *vós* e *eles/elas*.
- Os pronomes pessoais oblíquos são: *me*, *mim*, *comigo*, *te*, *ti*, *contigo*, *o*, *a*, *lhe*, *se*, *si*, *consigo*, *nos*, *conosco*, *vos*, *convosco*, *os*, *as*, *lhes*, *se*, *si*, *consigo*.
- Os pronomes *o*, *a*, *os* e *as* funcionam como **objeto direto**. Os pronomes *lhe* e *lhes* funcionam como **objeto indireto**. A função dos demais pronomes oblíquos só pode ser avaliada no contexto da oração.
- O som e a escrita dos pronomes *o*, *a*, *os* e *as* sofrem alterações quando aparecem após alguns verbos. Depois de verbos terminados em *r*, *s* ou *z*, a letra final do verbo é eliminada e acrescenta-se a letra *l* aos pronomes. Após verbos terminados em *m*, *ão*, *õe(s)* ou *õem*, acrescenta-se a letra *n* aos pronomes.

Mas e mais; há e a; afim e a fim de

- A palavra *mas* é utilizada para introduzir uma **oposição**, ou seja, uma contradição em relação ao que foi mencionado anteriormente.
- A palavra *mais* indica quantidade ou intensidade. O antônimo de *mais* é *menos*.
- A palavra *há* pode expressar tanto um tempo que já passou quanto o sentido do verbo *existir*.
- A palavra *a* expressa tempo futuro, mas também pode ser empregada para expressar distância.

- A expressão **a fim de** significa finalidade, objetivo, intenção e pode ser substituída pela palavra *para*. Essa expressão também pode indicar o interesse de alguém em alguma coisa, ou seja, a vontade de fazer algo.
- A palavra **afim** significa afinidade, parentesco ou semelhança.

▶ Praticando

1. Leia a seguir um trecho de uma resenha de *O museu desaparecido*, de Hector Feliciano, o livro que investiga os diversos saques de obras de arte cometidos pelos nazistas durante a Segunda Guerra Mundial.

   Hitler e a poderosa engrenagem nazista de saquear obras de arte

   Confiscar obras de arte era tão importante para os nazistas quanto as vitórias militares; artista frustrado, Hitler **escondeu** em lugares como minas de sal milhares de peças e tinha planos de **construir** um gigantesco museu. [...]

   Cassiano Elek Machado. *Folha de S.Paulo*, 17 nov. 2013. Disponível em: <http://www1.folha.uol.com.br/ilustrissima/2013/11/1372085-hitler-e-a-poderosa-engrenagem-nazista-de-saquear-obras-de-arte.shtml>. Acesso em: 12 mar. 2019.

   a) Em relação à transitividade, como os verbos em destaque são classificados? Justifique sua resposta.

   _____
   _____

   b) Escreva a seguir os complementos dos verbos em destaque no texto.

   - saquear: _____
   - escondeu: _____
   - confiscar: _____
   - construir: _____

2. Leia os títulos de notícias a seguir.

   I. Ferreira Gullar **morre** aos 86 anos no Rio

   G1, 4 dez. 2016. Disponível em: <http://g1.globo.com/pop-arte/noticia/ferreira-gullar-morre-aos-86-anos-no-rio.ghtml>. Acesso em: 12 mar. 2019.

   II. Filhote raro de panda **nasce** na Bélgica

   Lucas Alencar. Revista *Galileu*, 3 jun. 2016. Disponível em: <http://revistagalileu.globo.com/Ciencia/noticia/2016/06/filhote-de-panda-gigante-quase-extinta-nasce-na-belgica.html>. Acesso em: 12 mar. 2019.

   III. A tartaruga **pode viver** mais de 100 anos

   Revista *Superinteressante*, 31 out. 2016. Disponível em: <http://super.abril.com.br/ciencia/a-tartaruga-pode-viver-mais-de-100-anos/>. Acesso em: 12 mar. 2019.

   a) Identifique o sujeito de cada verbo destacado nos títulos.

   _____
   _____

   b) Em relação à transitividade, como esses verbos são classificados? Por quê?

   _____
   _____
   _____

3. Leia a tira a seguir.

Dik Browne. *O melhor de Hagar, o Horrível*. Porto Alegre: L&PM, 2011. p. 65.

a) Observe a seguir duas frases da tira.

> **Revisaram** meu navio?
> Sim, e **descobrimos** um rombo!

- Em relação à transitividade, como são classificados os verbos em destaque nessas frases? Justifique sua resposta.
_____
_____

b) Identifique o complemento de cada um deles.
_____
_____

c) Assinale a alternativa que traz a classificação do complemento desses verbos.
( ) objeto direto   ( ) objeto indireto

4. Leia o título de notícia a seguir e observe o verbo em destaque.

> Por que algumas pessoas **gostam** de filmes de terror?

A mente é maravilhosa, 27 set. 2016. Disponível em: <https://amenteemaravilhosa.com.br/por-que-gostam-filmes-de-terror/>. Acesso em: 18 mar. 2019.

a) No contexto em que foi empregado, qual é a transitividade do verbo em destaque? Assinale a alternativa correta.
( ) verbo intransitivo
( ) verbo transitivo indireto
( ) verbo transitivo direto
( ) verbo bitransitivo

b) Por que você classificou o verbo dessa forma?
_____
_____

c) Identifique o complemento do verbo *gostar*.
_____

d) Como esse complemento é classificado?
_____

5. Observe o quadro a seguir e as siglas empregadas nele, as quais dizem respeito à transitividade verbal.

> **VTD** para verbo transitivo direto
> **VTI** para verbo transitivo indireto
> **VTDI** para verbo transitivo direto e indireto (bitransitivo)
> **VI** para verbo intransitivo

- Agora, classifique as frases a seguir quanto à transitividade verbal. Para isso, observe as formas verbais em destaque e empregue as siglas do quadro acima.
    a) (   ) Você sabe como as tartarugas **nascem**?
    b) (   ) **Precisamos** de muitas doações para a campanha solidária do bairro.
    c) (   ) Ontem, **comemos** uma sobremesa deliciosa.
    d) (   ) Machado de Assis **morreu** no ano de 1908.
    e) (   ) Os refugiados da Síria **necessitam** de ajuda.
    f) (   ) Marcelo **ensina** Português aos alunos do colégio.
    g) (   ) Na semana passada, **bebemos** suco todos os dias.
    h) (   ) Catarina **ensinou** a eles uma lição!

6. Identifique e classifique os complementos dos verbos em destaque na atividade anterior.

_____
_____
_____
_____
_____
_____
_____
_____

7. Leia as frases a seguir, observando os pronomes em destaque. Em seguida, classifique-os em objeto direto (**OD**) ou objeto indireto (**OI**).
    a) (   ) Os livros que eu comprei chegaram. Se quiser, posso emprestá-**los**.
    b) (   ) Gostaria de convidá-**los** para um jantar em minha casa.
    c) (   ) Convidaram-**na** para a cerimônia de abertura do evento.
    d) (   ) Cedemos-**lhe** um cupom de desconto para as próximas compras.
    e) (   ) Disseram-**lhe** um triste adeus.
    f) (   ) Eles **te** ajudaram muito durante a mudança.
    g) (   ) Peça-**lhes** que cheguem mais cedo amanhã.
    h) (   ) Ajude-**os** se eles precisarem de você.
    i) (   ) Roberta **nos** informou sobre o adiamento da palestra.
    j) (   ) Eles **te** acompanharam no intervalo?
    k) (   ) Chamaram-**na** para a reunião.
    l) (   ) Todos aqueles livros **lhe** pertencem.

8. Leia a seguir um trecho extraído da autobiografia *Da minha terra à Terra*, do fotógrafo brasileiro Sebastião Salgado.

> Quem não gosta de esperar não pode ser fotógrafo. Em 2004 cheguei à ilha Isabela, em Galápagos, aos pés de um belíssimo vulcão chamado Alcedo. Deparei-me com uma tartaruga-gigante, enorme, de no mínimo duzentos quilos, da espécie que deu nome ao arquipélago. Cada vez que me aproximava, a tartaruga se afastava. Ela não era rápida, mas eu não conseguia fotografá-**la**. Então refleti e pensei **comigo** mesmo: quando fotografo seres humanos, nunca chego de surpresa ou incógnito a um grupo, sempre **me** apresento. Depois me dirijo às pessoas, explico, converso e, aos poucos, **nos** conhecemos. Percebi que, da mesma forma, o único meio de conseguir fotografar aquela tartaruga seria conhecendo-**a**; eu precisava me adaptar a ela. [...]

↑ Tartaruga-gigante na ilha de Galápagos.

Sebastião Salgado. *Da minha terra à Terra*. São Paulo: Paralela, 2014. p. 9.

a) Alguns pronomes oblíquos estão destacados no trecho. Indique as formas verbais que se ligam a esses pronomes.

b) Em relação à transitividade, como o verbos indicados no item anterior podem ser classificados?

c) Já esses pronomes oblíquos, ao desempenharem a função de complemento, podem ser classificados de que maneira? Explique.

d) Na tabela a seguir, indique a pessoa do discurso a que se referem os pronomes destacados no texto.

	LA	COMIGO	ME	NOS	A
Pessoa do discurso					

e) A maioria desses pronomes do trecho está em que pessoa do discurso?

f) Qual é a relação entre a resposta da alternativa anterior e o gênero autobiografia, ao qual o trecho lido pertence?

9. Leia a seguir a situação inicial de um conto escrito por Arthur Conan Doyle (1859-
-1930). No conto, o detetive Sherlock Holmes é procurado pelo sr. Munro.

> Tudo começou quando surgiu um homem em nosso escritório da rua Baker, 221B. Entrou sem bater à porta. Estava bem-vestido e tinha um chapéu na mão. Parecia bastante nervoso. Eu **lhe** daria uns trinta e poucos anos.
>
> — Peço-**lhes** desculpas, cavalheiros — disse ele, um tanto embaraçado. — Deveria ter batido. Mas o fato é que estou sem dormir direito há algumas noites e...
>
> Passou a mão pela testa e dirigiu-se ao sofá. Diria que mais caiu sobre ele do que sentou.
>
> — Algumas noites sem dormir cansam mais os nervos do que o trabalho... — disse Holmes, com um jeito de intimidade que sempre coloca à vontade as pessoas que o procuram. — Em que posso ajudá-**lo**?
>
> — Quero o seu conselho, senhor. Não sei o que fazer. Toda a minha vida parece que está se afundando.
>
> — O senhor quer **me** contratar como detetive?
>
> — Não é bem isso. Quero a sua opinião porque sei que o senhor é um homem especial, que desvenda mistérios e conhece a alma humana.
>
> [...]

↑ Escultura representando Sherlock Holmes em frente à estação de metrô Baker Street, em Londres.

Arthur Conan Doyle. A face amarela. Em: *Sherlock Holmes*: casos extraordinários. Tradução de Marcia Kupstas. 2. ed. São Paulo: FTD, 2015. p. 35-36.

a) Observe os pronomes em destaque no trecho e classifique-os conforme as categorias a seguir.

I. objeto direto   II. objeto indireto

( ) lhe   ( ) lhes   ( ) lo (o)   ( ) me

b) A que pessoa do discurso cada um deles se refere?

10. Reescreva as frases a seguir substituindo os termos em destaque pelos pronomes oblíquos correspondentes.

a) É possível encontrar **os livros que vocês sugeriram**?

b) Peça **aos nossos amigos** que nos ajudem com a atividade da escola.

c) As meninas formaram **um time de futebol**.

d) Ela queria dar **às amigas** uma viagem inesquecível.

e) Ela queria dar às amigas **uma viagem inesquecível**.

11. Leia a tira a seguir.

Bill Watterson. Deu "tilt" no progresso científico. 2. ed. São Paulo: Conrad, 2009. p. 61.

a) Com que intenção Calvin diz que fez cópias dele mesmo?

_____
_____
_____

b) Quais recursos visuais foram empregados no terceiro quadrinho para indicar o medo que a mãe de Calvin sentia das minhocas?

_____
_____
_____

c) Releia estes três trechos extraídos da tira e observe as palavras em destaque.

I. Bem, mãe, não precisa se preocupar, não me meto **mais** em encrenca.

II. **Mas** agora, olha só! Eu transmogrifiquei eles!

III. Muito bem! Vocês conseguiram me meter em encrenca **mais** uma vez.

- Marque verdadeiro (**V**) ou falso (**F**) nos itens abaixo.
    - (   ) Nos trechos **I** e **III**, *mais* indica sentido de quantidade.
    - (   ) Nos trechos **I** e **III**, *mais* indica sentido de oposição de ideias.
    - (   ) No trecho **II**, *mas* indica sentido de intensidade.
    - (   ) No trecho **II**, *mas* indica oposição de ideias.
    - (   ) No trecho **II**, *mas* pode ser substituído por *no entanto*.
    - (   ) No trecho **I**, *mais* pode ser substituído por *porém*.

12. Leia as frases a seguir e complete as lacunas, empregando as palavras corretamente.

a) Lilian estudou bastante para a prova, _____ não foi muito bem. (mas / mais)

b) Meus amigos são os _____ legais do mundo. (mas / mais)

c) _____ quanto tempo você está esperando aqui? (a / há)

d) _____ muitas histórias de fantasma sobre esta casa. (a / há)

e) Encontraram seu carro _____ dois quarteirões daqui. (a / há)

13. Leia os títulos de notícias a seguir e observe as palavras em destaque.

I. Como era nossa alimentação **há** 100 anos?

Vinícius Giba. *Mundo Estranho*, 19 ago. 2016. Disponível em: <http://mundoestranho.abril.com.br/alimentacao/como-era-nossa-alimentacao-ha-100-anos/>. Acesso em: 18 mar. 2019.

II. "Hoje não **há** rivalidade, nem cor a ser evitada" diz Corinthians após tragédia

O Estado de S. Paulo, 29 nov. 2016. Disponível em: <http://esportes.estadao.com.br/noticias/futebol,clubes-de-futebol-prestam-solidariedade-a-chapecoense,10000091319>. Acesso em: 18 mar. 2019.

III. Lixo tóxico produzido pelo Homem foi encontrado **a** 11 km abaixo do Pacífico

Merelyn Cerqueira. *Jornal Ciência*, 21 jun. 2016. Disponível em: <http://www.jornalciencia.com/lixo-toxico-produzido-pelo-homem-foi-encontrado-a-11-km-abaixo-do-pacifico/>. Acesso em: 18 mar. 2019.

- Agora, marque **X** na tabela a seguir, indicando o sentido com que cada uma das palavras foi empregada nos títulos.

	SENTIDO DE EXISTIR	**SENTIDO DE TEMPO PASSADO**	**SENTIDO DE DISTÂNCIA**
há (trecho I)			
há (trecho II)			
a (trecho III)			

14. Observe as duas frases abaixo.

I. É preciso que você chegue cedo, **a fim de** repassarmos o conteúdo da prova.

II. Ideias **afins**: é isso que está faltando!

a) Qual palavra pode substituir a expressão em destaque no trecho I sem alterar o sentido da frase?

b) Com que sentido a expressão *a fim de* foi empregada na frase I?

c) Escreva uma frase utilizando a expressão *a fim de* com o mesmo sentido com que foi empregada no techo I.

d) O que significa a expressão *afins* que parece no trecho II?

e) Reescreva o trecho II utilizando um termo que substitua a palavra *afins* sem alterar o sentido da frase.

Tipos de predicado

- O predicado das orações normalmente apresenta informações sobre o sujeito: uma **ação** praticada ou sofrida pelo sujeito ou até um **estado** ou uma **qualidade** dele.
- Dependendo do tipo de informação apresentada, o predicado pode ser classificado como **verbal** ou **nominal**. Para identificar o tipo de predicado, é preciso observar seu **núcleo**, ou seja, a palavra que apresenta a informação essencial sobre o sujeito.
- O **predicado verbal** indica ação e tem como núcleo um verbo, chamado de verbo significativo.
- Textos que apresentam **sequências de ações** costumam utilizar em maior quantidade verbos significativos e, consequentemente, **predicados verbais**.
- O **predicado nominal** indica estado ou qualidade e tem como núcleo um substantivo, um adjetivo, um pronome ou uma palavra de valor de substantivo.
- Os trechos **descritivos** têm como objetivo apresentar ao leitor as características de um dado elemento (pessoa, lugar, objeto, passagem, etc.). Em fragmentos dessa natureza, prevalecem os **predicados nominais** e os verbos de ligação.
- Todo predicado apresenta verbo, e não só o predicado verbal. Portanto, o que difere os dois tipos de predicado é seu núcleo.

Verbo de ligação e predicativo do sujeito

- No **predicado nominal**, a informação principal é sempre uma característica, um estado ou uma qualidade do sujeito. Nesse tipo de predicado, são empregados os chamados **verbos de ligação**.
- O verbo de ligação serve para conectar o sujeito à sua característica, ao seu estado ou à sua qualidade. Ao contrário dos verbos significativos, esse verbo não indica uma ação. Por isso, é chamado também de **verbo de estado**. Exemplos de verbos de ligação: *ser, estar, permanecer, ficar, tornar-se, parecer, continuar*.
- Para determinar se um verbo é de ligação ou significativo, é necessário analisar o **contexto** em que ele está inserido.
- Ligada ao sujeito por um verbo de ligação, a palavra ou expressão que informa uma característica, uma qualidade ou um estado do sujeito é chamada de **predicativo do sujeito**.
- O predicativo do sujeito sempre concorda em número com o núcleo do sujeito. Por exemplo: A *violência* é *perigosa*; Os *alunos* estão *seguros*.

Emprego do *sc*, *sç* e *xc*

- O som do *c* em *felicidade* e o do *s* em *samba* podem ser representados também pelos dígrafos **sc**, **sç** e **xc**.
- Em uma palavra, quando o *sc* representa um único som (igual ao som do *s* em *samba*), ocorre um dígrafo. Exemplos de dígrafos: su**sc**etível, flore**sç**o, e**xc**êntrico.
- Usa-se **sc** antes de *e* e *i*.
- Usa-se **sç** antes de *a* e *o*.

▶ Praticando

1. Leia um trecho extraído do livro *Tá falando grego?*, que narra a história de três jovens que viajaram no tempo e foram parar na Grécia Antiga.

> No caminho para o teatro, Pedro foi nos contando sobre as encenações na Grécia Antiga. **Cada cidade tinha o seu teatro** e **as apresentações viviam lotadas**, **pois os ingressos eram baratinhos**:
> — Eles conseguem colocar os preços baixos porque, na grande maioria, as peças são financiadas pelos ricos com interesses políticos.
> — Como assim, interesses políticos? — Eu quis saber.
> Paulinho explicou:
> — **O teatro é a diversão** que os gregos mais gostam. Um sujeito que banca uma peça ganha a simpatia da galera.
> O Teatro de Dionísio, na Acrópole de Atenas, era o segundo "Maracanã" da cidade (depois da Pnix). Ao ar livre, num semicírculo, foi construído no lado sul da Acrópole, aproveitando a encosta do morro, que servia de arquibancada. [...]
>
> Ricardo Hofstetter. *Tá falando grego?* Rio de Janeiro: Rocco Jovens Leitores, 2012. p. 77.

a) Leia novamente as orações destacadas identificando o verbo de cada uma.

_____

b) Determine o sujeito e o predicado de cada uma das orações destacadas.

_____
_____
_____

2. Leia o trecho a seguir, extraído do início do romance *Dom Quixote*, de Miguel de Cervantes, no qual a personagem principal é apresentada ao leitor.

> [...] **O fidalgo beirava os cinquenta anos**. Era rijo, com corpo de pouca carne, rosto ossudo, muito madrugador e amante de caçadas. Diziam alguns que **seu sobrenome era Quixada**; outros, que era Quesada; e ainda houve quem escrevesse sobre ele chamando-o de Quexana. **Isso pouco importa à nossa história**. Basta que não afastemos de contar a verdade.
>
> **Esse homem lia histórias de cavalaria com tanto gosto** que, por causa delas, esquecia os cuidados que deveria ter com a fazenda. Chegou a ponto de vender terra para comprar livros e levar para casa todas as histórias de cavaleiros andantes que tinha encontrado. Gostava de discutir com o padre da aldeia qual tinha sido o maior cavaleiro, se Palmeirim da Inglaterra ou Amadis de Gaula. Mergulhou tanto nessas leituras que já não dormia bem. E, com tanto ler e pouco dormir, acabou perdendo o juízo.
>
> Tinha a cabeça cheia de desafios e batalhas, amores e enfrentamentos, feitiços e ferimentos, disparates de todo o tipo. Para ele, **essas invenções eram as histórias mais verdadeiras do mundo**. Quando perdeu a razão, ocorreu-lhe o pensamento mais estranho que um louco já tivera: decidiu que seria um cavaleiro andante. [...] Enfrentaria lutas das quais sairia sempre vencedor, e, assim, seu nome e sua fama seriam eternos. [...]
>
> Miguel de Cervantes. *Dom Quixote*. Tradução e adaptação de Ligia Cademartori. São Paulo: FTD, 2013. p. 35.

↑ Escultura de Dom Quixote e Sancho Pança, na Praça de Espanha, em Madri.

a) O que influenciou Dom Quixote a se tornar um cavaleiro andante?
___

b) No trecho, qual parágrafo revela o amor de Dom Quixote pela leitura? Cite uma frase que exemplifique a sua resposta.
___
___

c) Observe as frases em destaque no trecho e preencha o quadro a seguir com as informações solicitadas.

SUJEITO	PREDICADO	NÚCLEO DO PREDICADO	TIPO DE PREDICADO
O fidalgo			
Seu sobrenome			
Isso			
Esse homem			
Essas invenções			

3. Leia o trecho de uma notícia e, depois, faça o que se pede.

> **Chega a São Paulo uma exposição com fotos, painéis e figurinos originais do novo longa-metragem da série.** O material fica exposto ao público na praça de eventos do *shopping* Market Place até o dia 29 de julho. O local ganha ambientação especial para lembrar o cenário do filme. [...]
>
> *Folha Online/Folhapress*, 6 jul. 2007. Exposição traz figurino original de Harry Potter a São Paulo. Disponível em: <http://www1.folha.uol.com.br/ilustrada/2007/07/310004-exposicao-traz-figurino-original-de-harry-potter-a-sao-paulo.shtml>. Acesso em: 22 mar. 2019.

a) No trecho destacado na notícia, qual é o verbo que indica a ação descrita?
___

b) Qual é o sujeito ao qual esse verbo se refere e como ele pode ser classificado? Justifique sua resposta.
___
___

c) Qual é o predicado desse trecho destacado e como ele pode ser classificado? Justifique sua resposta.
___
___

4. Leia as orações a seguir, identificando o sujeito, o verbo e o predicado e classificando o tipo de predicado.

   a) André e Vanessa foram ontem ao cinema.

   Sujeito: _____ Predicado: _____

   Verbo: _____ Tipo de predicado: _____

   b) Mariana é muito exigente.

   Sujeito: _____ Predicado: _____

   Verbo: _____ Tipo de predicado: _____

   c) Carla leu toda a coleção de Harry Potter.

   Sujeito: _____ Predicado: _____

   Verbo: _____ Tipo de predicado: _____

   d) Juliano estava bem ansioso para a prova.

   Sujeito: _____ Predicado: _____

   Verbo: _____ Tipo de predicado: _____

   e) Grandes descobertas científicas exigem muita dedicação.

   Sujeito: _____ Predicado: _____

   Verbo: _____ Tipo de predicado: _____

   f) Os filmes franceses são mais interessantes.

   Sujeito: _____ Predicado: _____

   Verbo: _____ Tipo de predicado: _____

   g) Minha mãe ligou a televisão.

   Sujeito: _____ Predicado: _____

   Verbo: _____ Tipo de predicado: _____

5. Observe as afirmações a seguir e marque verdadeiro (**V**) ou falso (**F**).

   a) (   ) Quando o objetivo é localizar um predicado, deve-se encontrar o núcleo do predicado, ou seja, identificar a palavra que apresenta a informação essencial sobre o sujeito.

   b) (   ) Quando o objetivo é localizar um predicado, deve-se encontrar o núcleo do predicado, ou seja, identificar a palavra que apresenta a informação essencial sobre o objeto, seja ele direto ou indireto.

   c) (   ) O predicado verbal expressa ação e tem como núcleo um verbo.

   d) (   ) O predicado verbal indica estado ou qualidade e tem como núcleo um substantivo, um adjetivo, um pronome ou uma palavra substantivada.

   e) (   ) O predicado nominal expressa ação e tem como núcleo um verbo, chamado de verbo significativo.

   f) (   ) O predicado nominal indica estado ou qualidade e tem como núcleo um substantivo, um adjetivo, um pronome ou uma palavra substantivada.

   g) (   ) Textos que apresentam sequências de ações costumam utilizar em maior quantidade verbos de ligação.

6. Leia a seguir a sinopse de um filme.

> 1961. Em plena Guerra Fria, Estados Unidos e União Soviética disputam a supremacia na corrida espacial ao mesmo tempo que a sociedade norte-americana lida com uma profunda cisão racial entre brancos e negros. Tal situação é refletida também na NASA, onde um grupo de funcionárias negras é obrigada a trabalhar à parte. É lá que estão Katherine Johnson (Taraji P. Henson), Dorothy Vaughan (Octavia Spencer) e Mary Jackson (Janelle Monáe), grandes amigas que, além de provar sua competência dia após dia, precisam lidar com o preconceito arraigado para que consigam ascender na hierarquia da NASA.

Estrelas além do tempo. Adoro Cinema. Disponível em: <http://www.adorocinema.com/filmes/filme-219070/>. Acesso em: 22 mar. 2019.

↑ Cartaz do filme *Estrelas além do tempo*, 2017.

- Releia as seguintes orações da sinopse:

    I. Estados Unidos e União Soviética disputam a supremacia na corrida espacial.

    II. Tal situação é refletida também na NASA.

a) Qual é o sujeito de cada uma das orações?

b) Qual é o predicado de cada uma das orações?

c) Identifique o núcleo do predicado dessas orações.

d) Os verbos desses predicados são significativos ou de ligação?

e) Qual das orações apresenta um predicativo do sujeito? Identifique-o.

7. Leia este trecho de uma reportagem sobre grandes mulheres da ciência e descubra quem foi Hildegard de Bingen.

> **Hildegard de Bingen (1098-1179)**
>
> Durante a Idade Média, mulheres se **instruíram** em conventos e **foi** como abadessa que Hildegard de Bingen (ou santa Hildegard, para a igreja anglicana) **escreveu** livros sobre botânica e medicina. Suas habilidades de médica **eram** conhecidas e frequentemente confundidas com milagres. Seus feitos se **tornaram** tão famosos que um asteroide foi batizado em sua homenagem: o 898 Hildegard.

10 grandes mulheres da ciência. Revista *Galileu*, 8 mar. 2017. Disponível em: <http://revistagalileu.globo.com/Ciencia/noticia/2017/03/10-grandes-mulheres-da-ciencia.html>. Acesso em: 22 mar. 2019.

a) Complete o quadro com os verbos destacados no trecho acima.

VERBOS SIGNIFICATIVOS	VERBOS DE LIGAÇÃO

b) Observe as orações a seguir. Depois, identifique, em cada uma delas, os elementos solicitados.

   I. Suas habilidades de médica eram conhecidas.

   II. Seus feitos se tornaram muito famosos.

   • Sujeito: _____

   • Verbo de ligação: _____

   • Predicativo do sujeito: _____

8. Identifique o predicativo do sujeito nas frases a seguir.

   a) Nós somos felizes. _____.

   b) João e Marcela permanecem unidos. _____.

   c) Amanda ficou satisfeita com o resultado da prova. _____.

   d) Ficamos aliviados depois que acharam meu gato. _____.

   e) Seremos sempre prestativos com nossos amigos. _____.

9. Complete as frases abaixo com um destes verbos de ligação: *estar*, *ficar*, *permanecer*, *continuar* ou *ser*. Faça as modificações necessárias.

   a) Marcos _____ alegre, apesar do que tinha acontecido na semana passada.

   b) Os amigos _____ muito ansiosos para a apresentação na escola.

   c) Andressa _____ bem entusiasmada quando lê um clássico da literatura.

   d) Roberto _____ bem mais velho que seu irmão Pedro.

   e) Camila _____ estudando inglês.

   f) Depois que Thiago preparou uma sobremesa, a cozinha _____ muito bagunçada.

10. Complete as orações abaixo com um predicativo do sujeito adequado ao contexto.

    a) Carolina e Sérgio estavam _____, pois ganharam um presente pelo qual esperavam havia muito tempo.

    b) Os fãs estavam _____ pelo último capítulo da temporada da série.

    c) Ficamos _____ depois de ter assistido ao documentário sobre a escravidão no Brasil.

    d) As crianças estavam _____ com a excursão para o Museu de Arte Moderna.

    e) Rogério permaneceu _____, mesmo depois de saber quando seria sua festa de aniversário.

    f) Maria estava _____ ao saber que viajaria amanhã.

11. Complete as frases a seguir, empregando um dos termos do quadro.

| predicativo do sujeito | verbo de ligação |

a) O _____ conecta o sujeito à sua característica, ao seu estado ou à sua qualidade.

b) A palavra que informa uma característica, qualidade ou estado do sujeito da oração recebe o nome de _____.

12. Leia o trecho a seguir, retirado de uma reportagem sobre os benefícios do ovo.

> Um ovo cozido possui, em média, seis gramas de proteína. A quantidade não é suficiente para um dia, mas é uma excelente fonte ao longo da dieta. "A clara do ovo contém albumina, uma proteína que ajuda no desenvolvimento **muscular**", diz a nutricionista. Ela é uma das principais propriedades que se unem às fibras do seu organismo para que seu corpo inche e **cresça** após a atividade física. [...]
>
> Sofia Mikrute. Benefícios do ovo vão muito além do desenvolvimento muscular. 27 ago. 2014. Disponível em: <http://www.webrun.com.br/h/noticias/conheca-os-beneficios-do-ovo-que-vao-muito-alem-do-desenvolvimento-muscular/15708>. Acesso em: 22 mar. 2019.

a) Observe as palavras destacadas no texto. Em quais delas há um dígrafo?

_____

b) Na palavra *excelente*, *xc* tem o som igual ao do *sc* em qual das palavras abaixo?

( ) nascente ( ) escada
( ) fresco ( ) muscular

c) As letras *xc* sempre têm o som mencionado no item *b*? Explique.

_____
_____
_____
_____

13. Conjugue os verbos do quadro, empregando a grafia correta.

VERBO	1ª PESSOA DO SINGULAR (PRESENTE DO INDICATIVO)	1ª PESSOA DO SINGULAR (PRESENTE DO SUBJUNTIVO)
nascer		
crescer		
descer		

14. Complete as duas regras a seguir, relacionadas ao emprego dos dígrafos *sc* e *sç*. Para isso, analise as palavras do quadro abaixo.

| cresço | disciplina | efervesça | rejuvenesçamos | adolescente |

I. Usa-se _____ antes de *e* e *i*. II. Usa-se _____ antes de *a* e *o*.

15. Complete as palavras adequadamente com *sc*, *sç* ou *xc*.

a) a____ensão

b) cre____ente

c) de____ender

d) e____eto

e) o____ilar

f) e____elentíssimo

g) fa____inação

h) na____am

16. Escreva uma palavra da mesma família de cada uma das palavras da atividade anterior.

_____

_____

_____

_____

17. Leia as frases a seguir e complete as palavras com *sc*, *sç* ou *xc*.

a) O Brasil é um país cuja mi_____igenação é presente na sociedade.

b) Você tem algum hábito e_____êntrico?

c) O importante é sempre ter a con_____iência limpa.

d) Aquele restaurante perto de casa serve uma refeição e_____elente.

e) Toda regra tem sua e_____eção.

f) Há e_____edente de cereais no mundo, mas a fome continua em muitos países.

g) Não importa o quanto rejuvene_____a, a mente dele ainda é arcaica.

h) O funcionário ficou surpreso com a re_____isão do contrato.

i) Peça ao Francisco que de_____a até o térreo e organize a sala de brinquedos.

j) A a_____ensorista daquele prédio comercial é muito educada e simpática.

k) O trabalho de conclusão de curso daquele grupo ficou e_____epcional!

l) Um plebi_____ito resolveria toda a questão.

m) O filme que vimos ontem era fa_____inante.

18. Escolha uma das alternativas entre parênteses para completar as frases.

a) Os familiares podem ter muita _____ sobre os idosos. (acendência / asçendência / ascendência)

b) Minha mãe tem medo de que a vovó _____ ao saber da triste notícia. (convalesça / convalessa / convaleça)

c) Lívia estava completamente _____ com a possibilidade de se tornar a primeira aluna a ganhar o campeonato regional de judô. (obcecada / obsçecada / obscecada)

d) É preciso muita _____ para desenvolver uma pesquisa na área de linguística. (diciplina / disciplina / disçiplina)

e) Todos permaneceram na confraternização, _____ Jair. (esçeto/esceto/exceto)

GÊNERO TEXTUAL

Conto

Em relação ao gênero **conto**, é importante destacar:
- o gênero é narrativo;
- o espaço da narrativa é geralmente único (ou pode conter poucos espaços);
- o tempo da história costuma ser curto;
- o enredo tende a se organizar em torno de um único conflito, ou seja, de uma única oposição entre personagens ou forças (o conflito pode se dar entre duas ou mais personagens, entre o protagonista e o antagonista, entre o protagonista e forças externas, etc.).

Por ser um gênero narrativo, o conto apresenta partes fundamentais:
- **Situação inicial**: momento em que, geralmente, são apresentadas as personagens, o tempo e o espaço.
- **Conflito**: situação de tensão que domina toda a narrativa e prende a atenção do leitor até o desfecho.
- **Clímax**: momento de auge da tensão, que eleva ao máximo o interesse e a expectativa do leitor pelos acontecimentos futuros, anunciando o desfecho do conflito.
- **Desfecho**: etapa final do enredo. É importante que cause impacto e/ou surpresa no leitor e/ou provoque uma reflexão.

Os contos, assim como todos os outros gêneros narrativos, podem ser apresentados de acordo com determinado **tipo de discurso**.
- No **discurso direto**, utilizam-se o travessão ou as aspas para indicar as falas das personagens. Essas falas podem ser introduzidas ou seguidas por verbos de elocução ou *dicendi* (de dizer), como *falar*, *dizer*, *perguntar*, *sussurrar*, etc.
- No **discurso indireto**, as falas das personagens são reproduzidas pelo narrador.

Os contistas escolhem narrar os acontecimentos a partir de determinada perspectiva, ou seja, de um ponto de vista, o qual é chamado de **foco narrativo**. Este determina o tipo de narrador, isto é, a voz que narra a história.

Há dois tipos de foco narrativo:
- **Foco narrativo em terceira pessoa**: ocorre quando a história é narrada pela voz de um narrador que não participa dos acontecimentos.
- **Foco narrativo em primeira pessoa**: ocorre quando a narrativa é contada pela perspectiva de um narrador que participa da história, chamado de **narrador-personagem**.

O narrador em terceira pessoa pode ser classificado em:
- **Narrador onisciente**: revela aos leitores as ações, os sentimentos e os pensamentos das personagens.
- **Narrador observador**: não participa dos acontecimentos; conta a história de uma perspectiva mais neutra e imparcial.

Texto dramático

O **texto dramático** é aquele escrito para ser encenado por atores.

- Nesse gênero de texto não há narrador, pois a história é contada pelas próprias personagens em cena, por meio de diálogos.
- No texto dramático, o tom das falas, as expressões, a movimentação e até mesmo a postura que os atores devem assumir durante a encenação são indicados por meio das **rubricas**, grafadas geralmente em itálico e entre parênteses.
- Na leitura de um texto ficcional, como é o caso do texto dramático, é importante atentar para dois contextos:
  - o **contexto da história narrada**: importante para a compreensão da linguagem, das expressões, de alguns fatos e acontecimentos que permeiam a história, tornando-se, assim, parte importante da interpretação.
  - o **contexto de produção**: essencial para compreendermos as condições em que um texto foi produzido, como a motivação para escrevê-lo, e também as características que se repetem na obra do autor.
- O texto dramático pode, às vezes, apresentar um **registro** mais **informal** e ter marcas de **oralidade** para aproximar o texto escrito do diálogo que será encenado.

▶ Praticando

1. Localize no diagrama as principais características de um conto. Veja as dicas abaixo.
    a) Momento inicial da narrativa.
    b) Situação de tensão.
    c) Ponto de tensão máxima da narrativa.
    d) Resolução do conflito.
    e) Discurso em que a fala é reproduzida pelo narrador.
    f) Narrador que revela informações e pensamentos das personagens aos leitores.
    g) Narrador que conta os fatos de uma perspectiva mais neutra.

A	T	N	M	R	I	N	D	I	R	E	T	O	T	A
I	S	C	I	R	E	T	E	D	C	G	B	O	A	G
J	Q	O	I	C	O	B	S	E	R	V	A	D	O	R
K	V	N	L	L	B	U	F	C	D	T	E	B	C	V
L	N	F	J	Í	C	G	E	E	S	A	D	C	L	P
I	Ç	L	P	M	A	L	C	B	D	L	N	L	Í	A
P	A	I	C	A	E	E	H	N	A	G	S	A	M	R
S	I	T	U	A	Ç	Ã	O	I	N	I	C	I	A	L
I	N	O	N	I	S	C	I	E	N	T	E	E	X	O

2. Um conto pode apresentar as falas das personagens em discurso direto ou em discurso indireto. Observe o trecho a seguir.

> A menina não palavreava. Nenhuma vogal lhe saía, seus lábios se ocupavam só em sons que não somavam dois nem quatro. [...]
>
> Seu pai muito lhe dedicava afeição e aflição. Uma noite lhe apertou as mãozinhas e implorou, certo que falava sozinho:
>
> — Fala comigo, filha!
>
> Os olhos deles deslizaram. A menina beijou a lágrima. Gostoseou aquela lágrima salgada e disse:
>
> — Mar...
>
> [...]

Mia Couto. A menina sem palavra. Em: *A menina sem palavra*. São Paulo: Boa Companhia, 2013. p. 33.

a) Identifique o tipo de discurso empregado nesse trecho e explique como você chegou a essa conclusão, citando partes do texto que comprovem o tipo de discurso empregado.

_____
_____
_____
_____

b) O título desse conto é "A menina sem palavra". Se esse trecho fosse escrito em discurso indireto, o efeito sobre o leitor seria o mesmo? Explique.

_____
_____
_____
_____
_____

3. Leia os trechos a seguir, extraídos de contos.

I.
> Esta é a história de Savitri, princesa de Madra, abençoada por Yama e por seu pai, Aswapati, o rei de Madra.
>
> A beleza de Savitri era celestial. Seus olhos límpidos brilhavam como as folhas do lótus e ela era tão doce quanto gentil.
>
> Um dia, Savitri conheceu o jovem Satyavan, o Verdadeiro, e se apaixonou por ele. Embora ele morasse modestamente, tinha origem real. Seu pai, o rei Dyumatsena, era cego e tinha perdido o reino para um velho inimigo. Conta-se que o velho monarca, ao ser destronado, refugiou-se na floresta, acompanhado pela esposa e por Satyavan, seu único filho.

Sonia Salerno Forjaz. A princesa que enganou a morte. Em: *A princesa que enganou a morte e outros contos indianos*. São Paulo: Aquariana, 2009. p. 13.

II.
> O único que tive foi Geguê, meu tio. Foi ele que olhou meu crescimento. Só a ele devo. Ninguém mais pode contar como eu fui. Geguê é o solitário guarda dessa infinita caixa onde vou buscar meus tesouros, pedaços da minha infância.

Mia Couto. O apocalipse privado do tio Geguê. Em: *A menina sem palavra*. São Paulo: Boa Companhia, 2013. p. 41.

a) Relacione os trechos ao foco narrativo empregado.

( ) Foco narrativo em primeira pessoa.   ( ) Foco narrativo em terceira pessoa.

b) Explique, de forma detalhada, como você identificou cada um dos focos narrativos indicados no item *a*. Para isso, cite alguns dos elementos empregados em cada um dos trechos.

_____

_____

_____

_____

4. Leia o trecho a seguir da obra *Esperando Godot*, do autor irlandês Samuel Beckett (1906-1989), escrita em 1949. Nessa peça, as personagens Estragon e Vladimir vivem seus dias esperando por Godot.

> *Estragon volta ao centro do palco, olha em direção ao fundo.*
>
> ESTRAGON Lugar encantador. (*Dá a volta, caminha em direção à boca de cena, junto à plateia*) Esplêndido espetáculo. (*Volta-se para Vladimir*) Vamos embora.
>
> VLADIMIR A gente não pode.
>
> ESTRAGON Por quê?
>
> VLADIMIR Estamos esperando Godot.
>
> ESTRAGON É mesmo. (*Pausa*) Tem certeza de que era aqui?
>
> VLADIMIR O quê?
>
> ESTRAGON Que era para esperar.
>
> VLADIMIR Ele disse: perto da árvore. (*Olham para a árvore*) Está vendo mais alguma?
>
> ESTRAGON É o quê?
>
> VLADIMIR Um chorão, eu acho.
>
> ESTRAGON E as folhas?
>
> VLADIMIR Deve estar morto.
>
> ESTRAGON Chega de choro.
>
> VLADIMIR A menos que não seja época.
>
> ESTRAGON Para mim, parece mais um arbusto.
>
> VLADIMIR Um arbúsculo.
>
> ESTRAGON Um arbusto.
>
> VLADIMIR Um... (*Recobra-se*) O que você está querendo dizer? Que erramos de lugar?
>
> ESTRAGON Ele devia estar aqui.
>
> VLADIMIR Não deu certeza de que viria.
>
> ESTRAGON E se não vier?
>
> VLADIMIR Voltamos amanhã.
>
> ESTRAGON E depois de amanhã.
>
> VLADIMIR Talvez.
>
> ESTRAGON E assim por diante.
>
> VLADIMIR Ou seja...
>
> ESTRAGON Até que ele venha.
>
> [...]

Cena da peça *Esperando Godot*, apresentada na cidade de Nova York, nos Estados Unidos, em 2013.

Samuel Beckett. *Esperando Godot*. Tradução de Fábio de Souza Andrade. São Paulo: Companhia das Letras, 2017. p. 21-22. Disponível em: <https://www.companhiadasletras.com.br/trechos/14201.pdf>. Acesso em: 22 mar. 2019.

a) A qual gênero esse texto pertence? Explique sua resposta.

b) Há um narrador? Qual tipo de discurso é empregado no texto?

c) É possível, no trecho apresentado, identificar o espaço em que a cena acontece? Justifique sua resposta.

d) A peça foi escrita em 1949. O trecho apresentado dá a entender que a história se passa nessa época? Explique.

e) *Esperando Godot* começa com a seguinte fala de Estragon: "Nada a fazer", que caracteriza bem toda a história. Qual é a relação dessa fala com o título do texto?

f) Estragon e Vladimir passam a peça toda esperando Godot. A chegada dele parece prestes a acontecer, mas é constantemente adiada. A peça, por fim, termina sem que ele chegue. Em sua opinião, qual sentimento pode ser gerado a partir de uma espera sem fim?

g) A peça termina sem informar quem é Godot. Quem ou o que você imagina que seja Godot? Esse figura poderia ser entendida de forma simbólica?

▶ Produzindo

Proposta

Agora é sua vez de produzir um conto, apresentando um narrador-personagem. Para isso, pesquise tiras em jornais, revistas ou *sites* e escolha a que julgar mais interessante para desenvolver uma história. Ao final, uma coletânea de contos deverá ser elaborada e divulgada entre a turma.

GÊNERO	PÚBLICO	OBJETIVO	CIRCULAÇÃO
Conto	Colegas da turma	Narrar uma história a partir do olhar de uma personagem	Sala de aula

Planejamento e elaboração do texto

1. Seu desafio, ao produzir o conto, é imaginar o que teria acontecido com a(s) personagem(ns) após o final da tira.
2. Observe alguns questionamentos que podem auxiliá-lo no planejamento.
   - Quem é (são) a(s) personagem(ns)?
   - Que situação inicial marca a história?
   - Onde a história se passa?
   - Que acontecimento criará tensão?
   - De que forma o conflito será resolvido?
3. Agora, organize sistematicamente o que você planejou, definindo a situação inicial, o conflito, o clímax e o desfecho.
4. Defina se seu conto apresentará ou não discurso direto.

Avaliação e reescrita do texto

1. Releia e avalie seu conto, considerando as questões apresentadas a seguir.

ELEMENTOS DO CONTO
O conto se organiza em situação inicial, conflito, clímax e desfecho?
O conto apresenta uma resolução para o conflito proposto?
O conto apresenta um narrador-personagem?

2. Troque seu conto com um colega para que ele também o avalie, considerando os critérios acima. Depois, reescreva seu texto com base nos apontamentos feitos pelo colega e organize a versão definitiva.

Circulação

1. Organizem-se em três grupos para elaborar a coletânea de contos.
   - Grupo 1: ficará responsável pela criação da capa e do título do livro.
   - Grupo 2: produzirá o sumário.
   - Grupo 3: fará a organização sequencial dos contos na coletânea.
2. Depois de pronto o livro, estabeleçam um revezamento dele pela sala para que todos os alunos da turma possam lê-lo.

Mito

Mito é um gênero narrativo que busca, por meio de uma linguagem simbólica, explicar o surgimento do Universo, da humanidade e de determinado comportamento humano ou, ainda, de um fenômeno da natureza.

- Em relação às **personagens** dos mitos, há sempre a presença de seres sobrenaturais, como deuses e semideuses, que podem representar as forças da natureza ou as características da condição humana.
- Quanto ao **espaço**, geralmente apresenta dimensões sobre-humanas e, às vezes, um caráter sagrado.
- O **tempo mítico** refere-se a um passado remoto, às origens do Universo. Geralmente, os fatos narrados nos mitos são separados por um grande intervalo de tempo e não correspondem ao tempo comum.
- Nas narrativas míticas, o registro costuma ser mais formal, com tom grandioso e uso de epítetos (expressões elogiosas ou ofensivas que qualificam um nome, como "Apolo, *deus do Sol*"). Dessa forma, o registro contribui para a caracterização das personagens mitológicas (heróis, deuses e semideuses).
- Os mitos vêm da **tradição oral**, pois eram contados de geração a geração. Somente muito tempo depois de criados foram registrados por escrito.
- Por meio dos mitos, pode-se entrar em contato com traços da cultura dos povos que os criaram e, por isso, sua contribuição cultural é significativa.
- Os mitos são narrativas que remetem a um tempo e a um espaço distantes, lidas e recontadas nas mais diversas civilizações.

Lenda

As **lendas** narram acontecimentos que se passaram em um tempo remoto e em um espaço marcado pela natureza. Em geral, elas são **narradas em terceira pessoa** para representar a voz de toda a comunidade, daqueles que herdaram as tradições de seus antepassados.

- Em relação ao enredo, as lendas geralmente misturam acontecimentos reais (históricos) com acontecimentos fantasiosos (ficção).
- As histórias das lendas são passadas de geração a geração, tendo, portanto, uma origem na **tradição oral**.
- Ao evidenciar aspectos culturais de determinados povos, elas revelam muito sobre aqueles que as criaram.
- Do ponto de vista cultural, é importante valorizar o registro escrito das lendas como um meio de resgate e de transmissão para as gerações futuras.

▶ Praticando

1. Leia a seguir o nome de algumas personagens e marque se elas fazem parte de lenda (**L**) ou de mito (**M**). Se necessário, faça uma pesquisa na internet ou na biblioteca.
   a) (   ) Hércules
   b) (   ) Mula-sem-cabeça
   c) (   ) Perseu
   d) (   ) Uirapuru
   e) (   ) Curupira
   f) (   ) Cuca
   g) (   ) Minotauro

2. Leia o trecho a seguir.

   > Não existia gente no mundo, apenas um homem chamado Toba com sua mulher. Plantavam macaxeira, milho, batatas, banana, mamão.
   >
   > Fora a roça deles, tudo era natureza, sem plantação alguma.
   >
   > Eram só os dois sozinhos. Nem sequer bichos havia; só a cutia e o nambu-relógio.

   Betty Mindlin. O começo da humanidade. Em: O primeiro homem e outros mitos dos índios brasileiros. São Paulo: Cosac Naify, 2001. p. 13.

   a) O trecho lido é o início de um mito. Sobre o que você imagina que ele vai tratar?

   _____
   _____
   _____

   b) Explique como você chegou à resposta da questão anterior.

   _____
   _____
   _____

   c) Qual das características do gênero é evidente nesse trecho? Explique.

   _____
   _____
   _____

3. Observe os nomes das personagens de alguns mitos.
   I. Toth
   II. Cronos
   III. Zeus
   IV. Quetzalcóatl
   V. Perseu
   VI. Ícaro

   - Pesquise sobre cada uma delas e relacione-as ao que representam.
     (   ) Deus grego governante do Olimpo, considerado o deus dos deuses.
     (   ) Deus egípcio do conhecimento, da sabedoria.
     (   ) Deus asteca que representa o planeta Vênus.
     (   ) Deus grego do tempo.
     (   ) Semideus grego que capturou a Medusa.
     (   ) Filho do notável inventor Dédalo.

4. Frequentemente, faz-se confusão entre mito e lenda. Procure em um dicionário as definições desses dois gêneros.

_____
_____
_____
_____
_____
_____
_____

5. Na formação cultural brasileira, as contribuições de três povos foram fundamentais: dos portugueses, dos indígenas e dos africanos. Agora, você vai conhecer um pouco mais sobre as lendas dos povos indígenas e dos africanos. Para isso, pesquise na internet ou em livros as lendas indicadas a seguir e preencha o quadro com as informações solicitadas sobre cada lenda.

	LENDA DE ORIGEM AFRICANA	LENDA DE ORIGEM INDÍGENA
Título da lenda	*Kianda* (Angola)	O Uirapuru
Personagens principais		
Tempo		
Espaço		
Enredo		

▶ Produzindo

Proposta

Agora é sua vez de produzir uma reescrita de lenda de origem africana de países falantes de língua portuguesa. O objetivo dessa atividade de pesquisa e reescrita é organizar uma roda de leitura em sala de aula, valorizando, assim, a cultura africana por meio de suas histórias.

GÊNERO	PÚBLICO	OBJETIVO	CIRCULAÇÃO
Lenda	Colegas de sala	Divulgar e valorizar a cultura africana por meio de uma contação de lendas	Roda de leitura de lendas africanas

Planejamento e elaboração do texto

1. Pesquise lendas originárias dos seguintes países africanos de língua portuguesa: Angola, Moçambique, Cabo Verde, São Tomé e Príncipe e Guiné-Bissau.
2. Escolhida a lenda, faça uma pesquisa mais aprofundada sobre ela em fontes confiáveis, como livros ou *sites*. Só então defina a seguinte estrutura para o seu texto: situação inicial, desenvolvimento e desfecho.
3. Procure manter-se fiel aos fatos da lenda original, às personagens, às ações, ao espaço e ao tempo.
4. Ao finalizar a reescrita, troque seu texto com um colega. Ele dará sugestões para melhorá-lo. Faça uma versão definitiva com as alterações pertinentes.
5. Antes da apresentação, ensaie a lenda produzida.
6. Durante a roda de leitura, procure empregar um tom de voz adequado, de modo que todos possam ouvir sua lenda e sintam-se instigados a conhecê-la.
7. Evite repetições desnecessárias e vícios de linguagem.

Circulação

No dia marcado para a apresentação, o professor indicará a vez de cada um contar sua lenda. Certifique-se de que os ouvintes estão confortáveis. Para isso, você pode preparar a sala com almofadas para as pessoas se sentarem.

Avaliação

1. Após a apresentação, avalie-a de acordo com os itens a seguir.

ELEMENTOS DA LENDA
A narrativa manteve a sequência dos fatos (situação inicial, desenvolvimento e desfecho)?
Foi feita uma pesquisa sobre a lenda narrada?
Você se manteve fiel aos fatos da lenda original?
A descrição de tempo e espaço narrativos foi apropriada ao gênero lenda?
Você se posicionou adequadamente durante a contação da lenda?
O público se interessou pela lenda que você contou?

2. Faça uma lista dos pontos que precisam ser melhorados em uma futura contação de história com base nas respostas às perguntas do quadro acima.

Crônica

A **crônica** é um gênero textual que tem como matéria-prima fatos do dia a dia, mas sem a pretensão de reproduzi-los. São textos que se situam na fronteira entre a linguagem jornalística e a literária.

- O termo crônica tem origem grega: *chrónos* ("tempo").
- O cronista, ao se inspirar em noticiários jornalísticos e cenas corriqueiras, apresenta fatos cotidianos sob um ponto de vista particular, destacando o caráter poético, humorístico ou crítico dos acontecimentos.
- As crônicas, no Brasil, são publicadas geralmente em jornais e revistas, e as que se destacam pela qualidade literária tendem a ser posteriormente publicadas em livros.
- O tom da crônica está ligado à intenção comunicativa do cronista. Um mesmo fato pode inspirar um texto humorístico, realista, dramático, reflexivo, soturno, etc.
- Para acentuar o caráter poético da crônica, é comum que o cronista recorra a comparações, descrições e enumerações, o que aumenta o efeito expressivo do que é narrado.
- Para enfatizar o humor em uma crônica, o cronista geralmente recorre a um desfecho inesperado.
- Em geral, a crônica adota um tom de conversa com os leitores, apresentando um registro informal. Isso confere um caráter de realidade ao gênero.
- Os fatos narrados não são obrigatoriamente reais. Muitas vezes, o autor pode partir de uma situação que aconteceu com outra pessoa, mas que, a seu ver, é cotidiana e, portanto, pode ser similar a situações de outras pessoas.

▶ Praticando

1. Leia o trecho de uma crônica de Affonso Romano de Sant'Anna, escritor mineiro.

> Uma vez ouvi alguém dizer: "O melhor amor é aquele que provoca em nós os nossos melhores sentimentos". Isto já tem mais de trinta anos, mas a frase ficou grudadinha na memória.
>
> Retomo-a agora. É uma frase intrigante. [...]
>
> Affonso Romano de Sant'Anna. O melhor amor. Em: Tempo de delicadeza. São Paulo: L&PM, 2008. p. 14.

a) Com base nesse trecho, explique de onde o cronista extrai a matéria-prima de sua crônica.

_____

_____

b) No trecho, há uma informação que sugere o que teria motivado o cronista a se inspirar nessa matéria-prima. Sobre isso, assinale a alternativa correta.

( ) O cronista achou a afirmação sobre o amor intrigante e por isso resolveu discorrer sobre ela.

( ) O cronista achou interessante o que uma pessoa disse sobre o amor e por isso resolveu recontar o que essa pessoa disse.

2. As crônicas podem circular em diferentes veículos. Localize no diagrama as palavras que indicam esses veículos. Em seguida, escreva-as abaixo.

L	T	I	C	E	A	P	N	D	A
I	A	O	J	O	R	N	A	I	S
V	U	P	D	U	E	M	U	I	B
R	E	V	R	X	T	H	A	S	A
O	R	E	V	I	S	T	A	S	L
S	B	M	E	H	V	D	J	M	P
B	A	E	R	T	O	S	A	E	O

_____

_____

3. Em uma crônica, vários recursos podem ser empregados para dar tom poético ao texto. Observe o trecho a seguir.

> O mar este ano apagou o Arpoador. Mas não apagou isto somente. Olho a areia onde várias gerações se dispuseram. Estou correndo junto à história e constato. Ele apagou os anos 60. E apagou os anos 70. E os anos 80 apagou. E avança sobre os anos 90 sabendo que ao chegar ao 2000 muita coisa ainda apagará.
>
> Volto para casa. E escrevo o que o mar uma vez mais também apagará.
>
> _{Affonso Romano de Sant'Anna. O mar por testemunha. Em: *Tempo de delicadeza*. São Paulo: L&PM, 2008. p. 42.}

a) Relacione esse trecho ao título da crônica, de modo a explicar o que é tratado nele.

_____

_____

_____

b) Explique de que forma a linguagem poética se manifesta nesse trecho.

_____

_____

_____

c) Explique o sentido expresso no trecho "Olho a areia onde várias gerações se dispuseram".

_____

_____

_____

4. No trecho a seguir, está presente uma das características do gênero crônica. Leia-o.

> "O senhor aqui é idoso", gritava a senhora para o guarda, no meio da confusão na porta do Detran da Avenida Presidente Vargas, apontando com o dedo o tal "senhor". Como ninguém protestasse, o policial abriu o caminho para que o velhinho enfim passasse à frente de todo mundo para buscar a sua carteira.
>
> Olhei em volta e procurei com os olhos O velhinho, mas nada. De repente, percebi que o "idoso" que a dama solidária queria proteger do empurra-empurra não era outro senão eu.
> [...]
>
> Zuenir Ventura. Um idoso na fila do Detran. Em: *As cem melhores crônicas brasileiras*.
> Rio de Janeiro: Objetiva, 2007. p. 265.

a) Quem é a personagem principal dessa crônica?

b) Esse trecho foi baseado em uma situação comum no dia a dia observada em vários lugares, como supermercados, bancos, repartições públicas. Que situação é essa?

c) O que causa humor nesse trecho?

d) Se no início do texto o leitor já soubesse que o idoso era o narrador, o efeito teria sido o mesmo? Explique.

5. Agora, complete as frases com as palavras do quadro, retomando as principais características do gênero crônica.

| particular | poético | informal |
| humor | cotidianos | tempo |

a) O termo *crônica* tem origem grega e significa _____.

b) O registro de linguagem empregado na crônica é _____, em tom de conversa com o leitor.

c) O cronista emprega uma situação final que quebra a expectativa do leitor, a fim de provocar _____.

d) Por meio de diversos recursos expressivos, o cronista pode enfatizar o caráter _____ da crônica.

e) Os fatos _____ são matéria-prima das crônicas; no entanto, o cronista deve imprimir sobre os fatos uma visão _____.

▶ Produzindo

Proposta

Agora é sua vez de produzir uma crônica com base em uma notícia inusitada. As crônicas serão publicadas no *blog* da turma ou da escola, de modo que possam ser compartilhadas na internet e sejam acessíveis a várias pessoas.

GÊNERO	PÚBLICO	OBJETIVO	CIRCULAÇÃO
Crônica	Comunidade escolar e internautas em geral	Retratar ficcionalmente um acontecimento cotidiano inusitado	*Blog* da turma ou da escola

Planejamento e elaboração do texto

1. Pesquise em livros, *sites* e jornais uma notícia com alguma situação cotidiana inusitada e também engraçada.
2. Reflita sobre como apresentar uma visão mais subjetiva dos fatos cotidianos a serem narrados na crônica.
3. Defina, com base na notícia, os seguintes elementos que comporão a crônica:
   - Quem serão as personagens? Quais as características delas?
   - Onde a história vai se passar?
   - Quais serão os principais acontecimentos da história?
   - O texto apresentará diálogos?
   - Como será o desfecho da crônica?
4. Lembre-se de que o desfecho deve quebrar a expectativa do leitor e provocar humor.
5. Empregue o registro informal, adotando um tom de conversa, de modo a criar maior aproximação com o leitor.
6. Crie um título para a crônica que seja criativo e instigante.

Avaliação e reescrita do texto

1. Avalie sua crônica com base nos itens a seguir.

ELEMENTOS DA CRÔNICA
A crônica tem como ponto de partida um acontecimento do cotidiano?
A crônica apresenta uma visão subjetiva sobre esse acontecimento?
O texto apresenta as características das personagens e do espaço?
O texto tem um tom de conversa?
O desfecho da crônica apresenta quebra da expectativa do leitor, provocando humor?

2. Após verificar os itens acima, corrija o que for necessário para aprimorar o texto e produza a versão definitiva de sua crônica.

Circulação

Com a ajuda do professor, as crônicas deverão ser publicadas no *blog* da turma ou da escola, para que as pessoas conheçam a produção da classe e, consequentemente, possam compartilhá-la com outras pessoas.

Reportagem

A **reportagem**, além de relatar um fato ou tema – como a notícia –, também o analisa, mostrando várias opiniões para ampliar o conhecimento do leitor.

- O **título** e a **linha fina** têm a função de aguçar a curiosidade do leitor e, por isso, não costumam apresentar o fato central de forma direta e objetiva.
- O **parágrafo introdutório** de uma reportagem escrita geralmente apresenta um texto mais criativo, que contenha um exemplo, entre outros recursos, para atrair o leitor. Esse parágrafo é chamado de **nariz de cera** no jargão do jornalismo.
- Para dar credibilidade à reportagem e ampliar a informação apresentada, é frequente o uso de depoimentos.
- O **depoimento** do entrevistado aparece entre aspas, diferenciando-se do texto do repórter. As falas dos entrevistados são acompanhadas por um **verbo de elocução**. Ele pode introduzir ou vir após a fala. Por meio desses verbos, o leitor consegue perceber a opinião do repórter sobre o tom de voz ou a atitude do entrevistado ao dar seu depoimento.
- É comum o emprego de **recursos visuais**, como gráficos, infográficos e boxes, os quais destacam, resumem e ampliam informações importantes para o leitor, facilitando a compreensão do assunto relatado.
- Antes da produção de uma reportagem, deve-se pensar no público-alvo e, assim, adequar a linguagem a ele, alterando, por exemplo, palavras ou expressões que, porventura, o repórter considere desconhecidas do leitor.
- Para produzir uma reportagem, o repórter pesquisa e seleciona informações em diferentes fontes e faz a checagem dos dados obtidos para garantir a correção das informações apresentadas. Essa etapa, fundamental para uma reportagem, recebe o nome de **apuração jornalística**.
- As reportagens que circulam na internet apresentam recursos inexistentes no suporte impresso, como vídeos, galerias de imagens e infográficos interativos, que são acrescentados aos textos para ampliar e dar mais credibilidade às informações.

▶ Praticando

1. Em quais dos meios de comunicação uma reportagem pode ser divulgada?
   ( ) *sites*   ( ) revistas   ( ) televisão
   ( ) jornais   ( ) livros   ( ) rádio

2. Há três aspectos fundamentais que um repórter precisa definir antes de produzir uma reportagem. Relacione-os às respectivas descrições.

   I. Meio de comunicação   II. Público-alvo   III. Finalidade do gênero

   ( ) Apresentar informações detalhadas sobre um fato socialmente relevante.
   ( ) Pessoas que desejam se aprofundar em determinado assunto.
   ( ) Jornais e revistas (digitais e impressas), *sites*, televisão.

3. A notícia e a reportagem são gêneros que, embora semelhantes, têm características próprias. Observe o quadro a seguir e marque quais das características estão presentes em cada um dos gêneros jornalísticos.

	NOTÍCIA	REPORTAGEM
O título é direto e objetivo para apresentar um resumo do fato principal.		
Analisa o fato principal.		
Tem a finalidade de responder às perguntas: o quê?, quem?, quando?, onde?, como? e por quê?.		
Apresenta depoimentos e entrevistas, considerando pontos de vista diferentes sobre o assunto a ser discutido.		
As informações principais aparecem resumidas no primeiro parágrafo, chamado de lide.		
Um de seus objetivos é promover a ampliação da informação.		
Recursos como gráficos e infográficos aparecem com frequência.		
O suporte em que é veiculada interfere diretamente nas estratégias discursivas que emprega para aproximar o leitor.		

4. Assinale verdadeiro (**V**) ou falso (**F**) nas frases abaixo. Em seguida, reescreva as falsas, tornando-as verdadeiras.

   a) ( ) A chamada da reportagem nas capas de revistas e jornais é usada para atrair o leitor para o assunto que será apresentado no texto.

   b) ( ) O primeiro parágrafo de uma reportagem geralmente apresenta o assunto que será tratado no texto.

   c) ( ) Não é possível formular hipóteses sobre o que a matéria da reportagem vai tratar apenas por meio do título e das imagens.

   d) ( ) A reportagem, além de relatar um fato ou tratar de um assunto – como a notícia –, também o analisa.

   e) ( ) A reportagem não exerce um papel social na formação da opinião pública.

   _____
   _____
   _____
   _____

5. As ações a seguir fazem parte das etapas de uma apuração jornalística, fundamentais para a produção de uma reportagem. Numere-as de acordo com a sequência em que devem ser realizadas.

   ( ) Checagem dos dados levantados

   ( ) Pesquisa e levantamento de informações em fontes diversas

   ( ) Seleção de informações

6. Em uma reportagem, podem ser empregados recursos visuais, como gráficos, infográficos, boxes, fotografias e ilustrações.

   a) Com que finalidade esses recursos são empregados em uma reportagem?
   _____
   _____

   b) Quando a reportagem é veiculada no universo digital, ela pode apresentar outros recursos, além dos destacados acima. Cite alguns.
   _____
   _____

7. Outra característica da reportagem é a presença de depoimentos.

   a) De que forma o depoimento é apresentado na reportagem?
   _____
   _____

   b) Por que os depoimentos são importantes nesse gênero?
   _____
   _____
   _____

8. Leia as afirmações abaixo e assinale a alternativa que expressa a função dos títulos e das linhas finas em uma reportagem.
   (   ) Instigar a curiosidade do leitor e despertar o interesse para o assunto por meio de ideias sugestivas sobre o fato central.
   (   ) Instigar a curiosidade do leitor por meio da apresentação objetiva e direta do fato central.

▶ Produzindo

Proposta

Agora é sua vez de produzir uma reportagem, que será divulgada no *blog* da turma para que toda a comunidade escolar (professores, alunos e funcionários) e demais internautas possam acessá-la.

GÊNERO	PÚBLICO	OBJETIVO	CIRCULAÇÃO
Reportagem	Comunidade escolar e internautas em geral	Informar e analisar um assunto socialmente relevante	*Blog* da turma ou da escola

Planejamento e elaboração do texto

1. Escolha um tema socialmente relevante. Veja algumas sugestões: intolerância religiosa; intolerância de gênero; discurso de ódio nas redes sociais; *fast food* × alimentação saudável; racismo.

2. Definida a pauta da reportagem, é necessário fazer a apuração jornalística. Para isso, leia bastante sobre o assunto, buscando informações em fontes confiáveis. Ao pesquisar em *sites*, escolha aqueles que são reconhecidos, como *sites* de jornais, organizações governamentais e instituições acadêmicas.

3. Lembre-se de anotar as fontes de todas as suas pesquisas. Em seguida, selecione as informações mais pertinentes à sua reportagem.

4. Colete depoimentos de pessoas que possam contribuir para o desenvolvimento do seu texto, gravando-os ou anotando-os. Antes, porém, da entrevista, elabore um roteiro de perguntas considerando os aspectos do tema que pretende abordar. Marque com os entrevistados a data, o horário e o local do encontro.

5. Procure imagens que ilustrem o tema abordado e que complementem as informações do texto.

6. A reportagem deverá apresentar título, linha fina e intertítulos que atraiam o leitor e organizem as informações de modo coerente.

7. Na introdução, insira uma informação relevante que desperte o interesse do leitor pela leitura do texto.

8. No corpo da reportagem, mostre as informações coletadas. Selecione também alguns trechos das entrevistas com informações relevantes, relacionadas ao conteúdo da reportagem, para citar no seu texto.

9. Na transcrição dos depoimentos, é importante empregar verbos de elocução para introduzir a fala dos entrevistados.

10. Utilize o registro de linguagem adequado ao público-alvo. Se for empregar algum termo que não seja de uso corrente dos leitores, procure explicá-lo ou trocá-lo por outro que seja conhecido.

11. Utilize boxes e outros recursos visuais, como fotografias, gráficos e infográficos, para complementar e ampliar as informações da reportagem.

Avaliação e reescrita do texto

1. Releia sua reportagem e avalie-a considerando as questões apresentadas a seguir, a fim de melhorá-la.

ELEMENTOS DA REPORTAGEM
O título, a linha fina e os intertítulos foram inseridos?
A introdução está instigante para o leitor?
As informações pesquisadas foram apresentadas de forma organizada?
Os depoimentos ampliam as informações e dão credibilidade à reportagem?
A linguagem está adequada ao público-alvo?
Boxes e outros recursos visuais foram inseridos?

2. Agora, troque seu texto com um colega e avalie o trabalho dele considerando as questões acima.

3. Ao receber os apontamentos de volta, reescreva sua reportagem e produza a versão definitiva, fazendo todos os ajustes necessários.

Circulação

Com a ajuda do professor, publique a reportagem no *blog* da turma ou da escola, para que os demais colegas tenham acesso ao conteúdo elaborado e, também, possam divulgar as reportagens produzidas. Depois, procure saber a opinião das pessoas sobre as reportagens produzidas.

Texto expositivo

- O **texto expositivo** é organizado em torno de um **assunto central**, ao qual estão ligadas outras **informações**.
- O conjunto de **recursos gráficos**, **imagem** e **legenda** que, em alguns casos acompanha o texto, ilustra e amplia seus sentidos, contribuindo para que esse gênero textual cumpra seu objetivo: **expor** e **explicar um tema ao leitor**.
- O texto expositivo pode ser publicado em livros **didáticos** ou **paradidáticos**. Esses tipos de livro abordam, em **linguagem acessível**, temas específicos de diferentes áreas do conhecimento e podem atrair diferentes leitores: alunos, professores ou pessoas que se interessam pelo assunto.
- Os textos expositivos costumam conter **sequências descritivas** que apresentam, de forma detalhada, aspectos do assunto abordado. Para garantir a **manutenção do tema** e introduzir subtemas nesses textos, é recorrente o emprego de palavras comuns ao assunto tratado. A retomada do tema por meio de palavras com significação próxima a ele fortalece e expande a ideia principal, o que garante a unidade do sentido do texto.

Infográfico

- O **infográfico** apresenta informações sobre determinado assunto de forma sintética, combinando **linguagem verbal** (textos curtos) e **linguagem não verbal** (elementos gráficos).
- O gênero pode ser organizado em **diferentes formatos**, complementando outro texto ou sendo independente.
- É muito utilizado no **jornalismo** e em **livros didáticos** e **científicos**.
- Um dos recursos utilizados nos infográficos para chamar a atenção do leitor, promovendo de forma rápida e objetiva sua interação com a informação, é o **uso de imagens**. Elas **dialogam com o texto verbal**, ampliando o que é exposto e apresentando conceitos de forma simplificada.

▶ Praticando

1. Sobre o gênero texto expositivo, responda às questões.

    a) Qual é a finalidade desse gênero textual?
    _____

    b) Onde os textos expositivos são publicados com mais frequência?
    _____

    c) Que classes gramaticais costumam ser empregadas nos textos expositivos para nomear e apresentar características? Assinale-as.

    (   ) substantivos

    (   ) verbos

    (   ) pronomes

    (   ) adjetivos

2. Leia a seguir o fragmento de um texto extraído de um livro didático de Geografia. Depois, responda às questões.

> **Diferentes tipos de representação cartográfica**
>
> Existem diferentes maneiras de representar a realidade cartograficamente. As formas mais conhecidas são o **croqui**, as **maquetes**, as **plantas** e os **mapas**. A escolha do tipo de representação a ser utilizado depende do objetivo que se quer atingir.
>
> **Croquis**
>
> Croqui é um desenho simplificado, elaborado sem preocupação com a escala. Geralmente é feito à mão livre. Apesar de não ter o rigor dos mapas e das plantas, ele traz esquematicamente todas as informações de que o leitor precisa para resolver algum problema imediato.
>
> É bastante utilizado no dia a dia, servindo a inúmeras funções, como explicar a localização de um imóvel ou dar orientações de um percurso a uma pessoa.
>
> São exemplos de croquis os mapas do tesouro, usados em brincadeiras de caça ao tesouro; os rascunhos que fazemos de um trajeto, quando queremos orientar uma pessoa de um ponto a outro; as plantas de imóveis apresentadas em folhetos de propaganda.
>
> Fernando dos Santos Sampaio. *Para viver juntos*: Geografia 6º ano: Ensino Fundamental. 3. ed. São Paulo: SM, 2014. p. 54.

a) Que assunto é tratado no fragmento do texto?

_____
_____
_____
_____

b) No primeiro parágrafo, há palavras em destaque. Por que essas palavras aparecem destacadas no texto?

_____
_____
_____

c) Por que recursos como imagens, boxes e destaques são importantes em textos expositivos, como os publicados em livros didáticos?

_____
_____
_____

d) O texto é ilustrado com uma imagem. Qual é a relação da imagem com o conteúdo do texto?

_____
_____

3. No diagrama a seguir, você deve localizar alguns elementos gráficos geralmente utilizados em infográficos. Para isso, leia os itens abaixo. Cada um deles é uma dica sobre um elemento a ser encontrado.

a) Imagem obtida eletronicamente ou por meio da ação da luz sobre um filme.
b) Imagem obtida por meio do trabalho de um profissional desenhista.
c) Representação da variação de uma função ou de uma distribuição estatística por meio de curva, barras, círculos, etc.
d) Quadro constituído de linhas e colunas em que se acham inscritas informações numéricas ou textuais.
e) Representação em papel ou em outro material da superfície da Terra, ou de uma parte dela, ou dos astros no céu.
f) Semelhante a índice, símbolo.
g) Lista explicativa das convenções gráficas adotadas em planta, mapa, gráficos, etc.

F	S	U	I	L	U	S	T	R	A	Ç	Ã	O	P	O
O	A	A	T	M	P	P	A	P	I	M	O	P	I	M
T	R	G	A	N	B	R	B	O	A	N	A	R	N	N
O	C	R	E	S	T	S	E	R	T	E	B	E	A	T
G	I	Á	R	T	R	T	L	E	G	E	N	D	A	A
R	P	F	S	U	S	M	A	P	A	R	N	S	P	I
A	N	I	V	R	M	A	A	S	E	O	A	T	S	O
F	M	C	C	A	L	B	S	T	A	S	C	B	I	U
I	V	O	D	Í	C	O	N	E	S	E	S	E	B	A
A	Q	P	M	C	V	S	E	R	B	M	I	S	T	C

4. Sobre o uso de imagens no infográfico, marque verdadeiro (V) ou falso (F) para as afirmações a seguir.

(   ) São empregadas para chamar a atenção do leitor.
(   ) Dialogam com as informações do infográfico de forma rápida e objetiva.
(   ) Não possuem relação com as informações textuais do infográfico.
(   ) Expõem conceitos de forma simplificada, contribuindo para a compreensão de quem lê o infográfico.
(   ) Ampliam as informações verbais do texto.
(   ) Podem ser coloridas ou monocromáticas, sendo que a escolha das cores também é pensada de acordo com o objetivo de informar o leitor.
(   ) Não estão presentes em infográficos que abordam temas científicos.
(   ) Repetem as informações dos textos verbais, não apresentando dados novos que possuam alguma conexão com o assunto abordado.
(   ) O emprego delas tem objetivo estritamente teórico, não pretendendo chamar a atenção do leitor.

▶ Produzindo

Proposta

Agora, você vai produzir um texto expositivo que deverá ser divulgado em um catálogo criado pela turma sobre os países da América do Sul.

GÊNERO	PÚBLICO	OBJETIVO	CIRCULAÇÃO
Texto expositivo	Frequentadores da biblioteca da escola	Apresentar informações e curiosidades sobre os países da América do Sul	Biblioteca escolar

Planejamento e elaboração do texto

1. Reúna-se em grupo com mais dois colegas. O professor vai sortear um país da América do Sul, e vocês escreverão sobre ele.

2. Definido o país, pesquisem sobre ele em *sites*, livros, revistas, jornais e outras fontes confiáveis. Levantem informações sobre indicadores sociais, economia, cultura, educação, culinária, danças típicas, lugares turísticos, entre outros aspectos.

3. Selecionem as informações que vão utilizar e produzam o texto expositivo, para compartilhar com os leitores curiosidades sobre diferentes aspectos do país em questão.

4. Organizem o texto, separando cada um dos aspectos por intertítulos e cuidando para que a sequência descritiva mantenha uma unidade.

5. Procurem refletir sobre a seleção de substantivos e adjetivos adequados para nomear e apresentar as características referentes ao lugar.

6. Pesquisem fotografias que possam ilustrar o texto expositivo e produzam legendas para acompanhá-las. Utilizem também outros recursos gráficos que auxiliem na compreensão do texto.

Avaliação e reescrita do texto

1. Avalie o texto expositivo do grupo com base nos itens a seguir, a fim de aperfeiçoá-lo.

ELEMENTOS DO TEXTO EXPOSITIVO
A pesquisa sobre o país foi realizada em diferentes fontes confiáveis?
Há informações e curiosidades para despertar o interesse do leitor?
Há intertítulos marcando os diferentes aspectos do país?
Foram inseridas fotografias para ilustrar o texto?
O texto manteve uma unidade temática?

2. Com base nos itens do quadro, o grupo deve reescrever o texto expositivo, fazendo todos os ajustes necessários.

Circulação

Por fim, com o auxílio do professor, produzam o catálogo sobre os países da América do Sul, apresentando-os em ordem alfabética. Providenciem um exemplar para deixar em exposição na biblioteca, para que a comunidade escolar conheça a produção da turma.

Poema narrativo

- O gênero **poema** pode ter formas diversas e tratar de variados temas.
- Quando um poema apresenta personagens e ações situadas em um determinado tempo e espaço, dizemos que se trata de um **poema narrativo**.
- Os **marcadores temporais** presentes no poema narrativo contribuem para indicar o avanço da história.
- Na literatura em geral e em poemas, em especial, as ideias e as imagens construídas são **polissêmicas**, isto é, apresentam mais de um significado. Isso proporciona diferentes possibilidades de interpretação e **variações na leitura** do texto.
- A escolha das palavras e a ordem que elas ocupam nos versos são dois recursos expressivos muito importantes na construção dos poemas. Esses dois elementos ajudam a conferir **ritmo** e **musicalidade** ao texto.
- **Figuras de linguagem** são recursos expressivos muito comuns em poemas, especialmente em poemas narrativos. Algumas comparam termos indicando algo em comum entre eles. A **comparação** usa um termo para evidenciar isso. Exemplo: A moça é *como* uma rosa. A **metáfora** faz isso diretamente. Exemplo: A moça é uma rosa.
- Algumas figuras de linguagem, entre tantas outras, utilizadas em poemas narrativos são: metonímia, sinestesia, antonomásia, antítese, etc.

Cordel

- O cordel faz parte da **literatura popular em versos**.
- É produzido para ser **recitado** ou **cantado**.
- Costuma ser publicado em **pequenos folhetos** ilustrados com xilogravuras.
- Eles circulam sobretudo em feiras da Região Nordeste e ficam pendurados em um varal feito de barbante.
- Os cordéis, em geral, narram histórias em versos; por isso, podem ser considerados **poemas narrativos**. Neles também há **personagens** que desenvolvem **ações** em determinado **tempo** e **espaço**, movidas por um **conflito** a ser resolvido no **desfecho**.
- Os versos rimados e a estrutura regular contribuem para a **memorização** dos textos de cordel. Sua escrita preserva aspectos da **linguagem oral**; por exemplo, certas palavras são grafadas conforme a pronúncia.
- Na maioria dos cordéis, há expressões próprias da cultura da Região Nordeste, onde é muito grande sua produção.
- A **personificação** (ou **prosopopeia**) é uma **figura de linguagem** por meio da qual se atribuem características humanas a um animal irracional ou a um ser inanimado. Muitas vezes, esse recurso é utilizado no cordel ao se contar uma história que apresenta um ensinamento.

▶ Praticando

1. Os temas a seguir podem aparecer em poemas. Assinale qual deles está presente apenas em poemas narrativos.

    (   ) Sentimentos do eu lírico em relação à pessoa amada.

    (   ) Episódios sobre a vida de uma personagem.

2. Sobre os recursos expressivos empregados em um poema narrativo, responda:

    a) Quais são esses recursos?

    _____

    b) Qual é o efeito desses recursos em um poema narrativo?

    _____

3. Leia o trecho de poema de cordel a seguir.

    > Às cinco e vinte minutos
    > do dia dois de agosto
    > a morte mais uma vez
    > deixou seu macabro posto
    > e matou Luiz Gonzaga
    > nos dando grande desgosto.
    >
    > O cantor de "Asa Branca",
    > "Assum Preto", "Juazeiro"
    > e outros imortais clássicos
    > famosos no mundo inteiro
    > tinha a alma nordestina
    > e o coração brasileiro.
    > [...]

    Gonçalo Ferreira da Silva. *Morreu o rei do baião Luiz Gonzaga*. Parnamirim: Chico, 2008. p. 1.

    a) Todos os temas a seguir podem ser tratados em cordéis. Em qual deles o cordel acima se enquadra? Assinale.

    (   ) histórias de cunho religioso

    (   ) aventuras de heróis

    (   ) reconto de obras clássicas

    (   ) narrativas baseadas em personagens da cultura popular nordestina

    (   ) homenagem a uma personalidade da cultura brasileira

    ↑ Cordéis em feira na Paraíba.

    b) Uma das características de um poema narrativo é a presença de elementos típicos da narrativa. Identifique os elementos a seguir presentes no trecho de cordel:

    • Personagem: _____

    • Ação: _____

    • Tempo: _____

    c) Cada uma das estrofes é composta de quantos versos?

    _____

    d) As rimas estão presentes em quais versos do cordel?

    (   ) 1º, 4º e 5º versos de cada estrofe   (   ) 1º, 3º e 5º versos de cada estrofe

    (   ) 1º, 2º e 3º versos de cada estrofe   (   ) 2º, 4º e 6º versos de cada estrofe

e) Por que as rimas são fundamentais em um cordel?
_____
_____

f) Assinale o nome da técnica geralmente empregada para ilustrar as capas dos folhetos de cordel.

( ) aquarela ( ) nanquim

( ) litogravura ( ) xilogravura

4. Leia a seguir dois trechos de cordel.

I.

> Na noite que João nasceu,
> Houve um eclipse na lua,
> E detonou um vulcão
> Que ainda hoje continua
> Naquela noite correu
> Um lobisomem na rua.
>
> Assim mesmo ele criou-se
> Pequeno, magro e sambudo,
> As pernas tortas e finas
> A cabeça grande e beiçudo
> No sítio aonde morava
> Dava notícia de tudo.

João Ferreira de Lima. *As proezas de João Grilo.* Fortaleza: Tupynanquim/ABC, s. d. p. 1.

II.

> "Tudo que não mata engorda"
> E pode até lhe dar tédio
> Por isso eu lhe aconselho
> Nem magro, nem gordo ou médio
> Tenha o peso da alegria
> "Rir é o melhor remédio"
>
> Devemos ser vigilantes
> E nos manter sempre ativo
> "Quem espera sempre alcança"
> Por este mesmo motivo
> "Seguro morreu de velho
> Desconfiado tá vivo".
> [...]

Abdias Campos. *Ditados populares.* Recife: Folhetaria Campos e Versos, s. d. p. 3.

a) Sobre os trechos de cordel acima, relacione-os à temática abordada.

( ) Trata de uma personagem chamada João Grilo, uma das figuras mais populares dos cordéis nordestinos.

( ) Apresenta, de forma bem-humorada, diversos ditados populares.

b) Identifique no trecho **I** um exemplo de regionalismo e explique seu significado. Se necessário, consulte um dicionário.
_____
_____

c) Relacione os padrões de rima ao respectivo trecho de cordel.

( ) As rimas ocorrem entre o 2º, o 4º e o 6º verso.

( ) Na primeira estrofe, as rimas ocorrem entre o 1º e o 5º verso e entre o 2º e o 6º verso e, na segunda estrofe, entre o 2º e o 4º verso.

d) Quanto aos dois trechos lidos, assinale a alternativa correta.

( ) O trecho **I** é narrativo, pois apresenta personagem, ação e tempo.

( ) O trecho **II** é narrativo, pois explica alguns ditados populares.

▶ Produzindo

Proposta

Agora é sua vez de produzir um folheto de cordel, que deverá homenagear uma personalidade escolhida por você. Algumas sugestões que você pode achar interessantes: Nise da Silveira, Zumbi dos Palmares, Maria da Penha e Bertha Lutz. Os cordéis produzidos por você e pela turma serão expostos num varal de cordel em uma feira da escola.

GÊNERO	PÚBLICO	OBJETIVO	CIRCULAÇÃO
Cordel	Comunidade escolar	Homenagear uma personalidade	Varal de cordel

Planejamento e elaboração do texto

1. Defina qual será a personalidade homenageada. Em seguida, faça um levantamento dos dados biográficos a serem apresentados.
2. Lembre-se de que o cordel deve apresentar personagens, espaço, tempo e as partes da narrativa (situação inicial, conflito, clímax e desfecho).
3. Estruture seu cordel em estrofes, compostas de versos.
4. Selecione e organize as palavras de modo a seguir uma estrutura regular e rimada, que contribua para a memorização do seu texto. Também atente para que a escrita do seu cordel tenha aspectos da linguagem oral.
5. Se achar interessante, faça uso também de regionalismos, a fim de caracterizar o falar de uma determinada região do Brasil, onde se passa a história do cordel, ou até mesmo da região em que você mora.
6. Crie um título sugestivo, sem detalhar fatos importantes da história, e pense em uma imagem interessante para compor a capa do cordel.

Avaliação e reescrita do texto

1. Avalie seu cordel com base nos itens a seguir, a fim de aprimorá-lo antes da versão definitiva.

ELEMENTOS DO CORDEL
Os elementos e as partes da narrativa foram apresentados?
O cordel foi estruturado em estrofes, compostas de versos e rimas?
Aspectos da linguagem oral e regionalismos foram empregados?
A capa do cordel apresenta uma imagem interessante, relacionada à história narrada?

2. Agora, reescreva o texto, fazendo os ajustes necessários.

Circulação

Imprima a versão definitiva do cordel. Em seguida, combine com o professor em que feira serão expostos os cordéis. Lembre-se de que você precisará de barbante e pregadores para fixar seu cordel no varal.

Carta do leitor

- O principal motivo que leva alguém a escrever uma **carta do leitor** é a vontade de comentar, elogiar ou criticar algo e de apresentar o **próprio ponto de vista** acerca de um texto publicado em um jornal ou em uma revista.

- O destinatário de uma **carta do leitor** costuma ser o autor do texto publicado ou o veículo de publicação.

- Para convencer o interlocutor a aderir ao seu ponto de vista, o remetente deve apresentar, no texto, razões que sejam capazes de justificar sua posição. Essas razões elencadas com a intenção de convencer o leitor da consistência da opinião apresentada recebem o nome de **argumentos**.

- A carta do leitor, portanto, é um gênero predominantemente **argumentativo** e a linguagem nela empregada visa contribuir para a realização do objetivo do autor: valorizar ou criticar o texto lido.

- Grande parte dos comentários, das sugestões e das críticas de leitores chega à revista ou ao jornal pela internet. Os meios de comunicação disponibilizam **endereços eletrônicos** e páginas em **redes sociais** para que os leitores opinem sobre os assuntos publicados.

- Para dar mais **credibilidade** à opinião defendida, é comum que o leitor escreva a carta no **registro formal** e sem fazer uso de ofensas ou insultos. Também é frequente o uso da primeira pessoa do discurso.

- Alguns veículos apresentam regras que devem ser seguidas caso o leitor deseje enviar uma carta.

Carta de reclamação

- No dia a dia, o consumidor pode se deparar com defeitos em produtos recém-adquiridos ou com serviços insatisfatórios. Nesses casos, tem o direito de exigir uma reparação. Uma das formas de se manifestar sobre esses problemas é enviar uma **carta de reclamação** à empresa fornecedora ou responsável pelo serviço.

- Além de empresas, as cartas de reclamação podem ser encaminhadas a canais de reclamação e/ou órgãos governamentais, que são instrumentos disponíveis a quem pretende **fazer valer seus direitos**.

- Assim como a carta do leitor, a carta de reclamação, além do relato do ocorrido, também precisa contar com **estratégias argumentativas** para que qualquer reivindicação feita pelo destinador seja atendida.

- Em geral, as cartas de reclamação tendem a apresentar um registro formal, de modo a transmitir mais credibilidade ao reclamante.

- O emprego de recursos gráficos, como letras maiúsculas, é uma opção para enfatizar alguma informação na carta de reclamação. Também é frequente o uso da primeira pessoa do discurso.

▶ Praticando

1. Sobre o registro empregado tanto em cartas do leitor quanto em cartas de reclamação, assinale a alternativa correta.

   a) ( ) As cartas do leitor e as cartas de reclamação apresentam registro informal para se adequar ao público a que se destinam.

   b) ( ) As cartas do leitor e as cartas de reclamação apresentam registro formal para dar mais credibilidade ao remetente.

   c) ( ) As cartas do leitor são mais informais, enquanto as cartas de reclamação são formais.

   d) ( ) As cartas do leitor são apresentadas em registro mais formal, enquanto as cartas de reclamação são informais.

2. Relacione a seguir os objetivos da carta do leitor e da carta de reclamação.

   I. carta do leitor   II. carta de reclamação

   ( ) Tem o objetivo de fazer uma reclamação sobre um serviço ou produto.

   ( ) Tem o objetivo de comentar, elogiar ou criticar determinado assunto já abordado pelo veículo para o qual será escrita.

3. Observe as situações a seguir e indique o gênero que deve ser empregado em cada finalidade: carta do leitor (**CL**) ou carta de reclamação (**CR**).

   a) ( ) Expor uma situação em que uma assinatura de revista foi debitada no cartão de crédito sem autorização do cliente.

   b) ( ) Comentar um artigo sobre a política brasileira publicado em uma revista.

   c) ( ) Elogiar uma reportagem sobre um tema socialmente relevante.

   d) ( ) Criticar a abordagem de um jornalista sobre determinado assunto, expondo as justificativas para tal posicionamento.

   e) ( ) Expor um problema referente a uma encomenda feita pela internet que não foi entregue, cobrando uma solução.

   f) ( ) Manifestar insatisfação sobre constantes atrasos de voo de determinada companhia aérea.

   g) ( ) Registrar os defeitos de um produto adquirido pela internet.

   h) ( ) Criticar uma reportagem publicada que contém erros conceituais.

   i) ( ) Manifestar-se contra um posicionamento em relação a um tema polêmico.

   j) ( ) Expressar descontentamento em relação a um serviço prestado por determinada empresa.

4. Em relação ao destino das cartas do leitor e das cartas de reclamação, preencha o quadro a seguir, marcando **X** nas células corretas.

	CARTAS DO LEITOR	CARTAS DE RECLAMAÇÃO
Publicadas com maior frequência em jornais e revistas		
Costumam ser enviadas a empresas ou a canais de atendimento		

5. A seguir, explique quais são os meios, ou seja, os caminhos, para se enviar os dois tipos de carta indicados.

   a) Carta do leitor.
   _____
   _____
   _____
   _____

   b) Carta de reclamação.
   _____
   _____
   _____
   _____

6. Quais são as possíveis consequências do envio de uma carta de reclamação para as partes envolvidas a seguir?

   a) Instituição ou empresa responsável.
   _____
   _____
   _____
   _____
   _____

   b) Autor da carta de reclamação.
   _____
   _____
   _____
   _____
   _____

▶ Produzindo

Proposta

Agora é sua vez de produzir uma carta do leitor. Para isso, selecione um artigo de opinião, no formato impresso ou digital. Em seguida, você vai planejar, escrever e, por fim, enviar a sua carta ao veículo que publicou o artigo escolhido.

GÊNERO	PÚBLICO	OBJETIVO	CIRCULAÇÃO
Carta do leitor	Editor, articulista e leitores do veículo que publicou o artigo	Posicionar-se perante um assunto abordado por um articulista	Espaço no veículo destinado à publicação de cartas de leitores e *blog* da escola

Planejamento e elaboração do texto

1. Selecione um artigo de opinião que apresente um assunto de seu interesse. É natural que você tenha um repertório mais vasto de informações a respeito daquilo que lhe interessa. Aproveite esses conhecimentos.
2. Reflita sobre seu posicionamento em relação às opiniões do articulista para decidir o que vai apresentar em sua carta do leitor: Um elogio? Uma crítica? Um complemento ou um relato que se relacione ao que foi exposto?
3. Faça um esboço da sua carta, especificando o assunto abordado, a postura do articulista em relação a ele e, por fim, seu próprio posicionamento diante do assunto.
4. Antes de começar a escrita, verifique se o veículo em que o artigo foi publicado estabelece critérios para o envio de cartas do leitor.
5. Lembre-se de que ofensas e insultos não são considerados argumentos.
6. Procure empregar a primeira pessoa do discurso e o registro formal, que dará credibilidade à carta.
7. Inicie sua carta fazendo referência ao artigo de opinião lido, ao articulista e, também, às ideias apresentadas por ele.
8. Organize seu texto seguindo uma sequência lógica de argumentos. Para isso, enumere as ideias apresentadas pelo autor no artigo de referência.
9. Antes de enviar a carta, pesquise outras opiniões sobre o assunto. É possível que outras pessoas também tenham escrito ou falado sobre ele. No entanto, deixe essa etapa para o final, a fim de evitar que a opinião de outros leitores influencie demasiadamente seu ponto de vista.

Avaliação e reescrita do texto

1. Avalie sua carta do leitor com base nas questões a seguir, a fim de melhorar seu texto antes de concluí-lo e enviá-lo.

ELEMENTOS DA CARTA DO LEITOR
O artigo de opinião selecionado para ser comentado na sua carta do leitor aborda um assunto de seu interesse ou sobre o qual você tem certo conhecimento?
A carta foi destinada ao articulista/editor ou ao próprio veículo que publicou o artigo?
A carta apresentou seu ponto de vista em relação ao assunto do artigo e às opiniões do articulista?
A carta foi escrita na primeira pessoa do discurso?
Qual foi o registro escolhido para redigir a carta: informal ou formal?
Os argumentos foram dispostos em uma ordem lógica e coerente?

2. Com base nas respostas para as questões do quadro acima, reescreva sua carta do leitor, fazendo os ajustes necessários.

Circulação

1. Após produzir a versão definitiva de sua carta do leitor, combine com o professor como será feito o envio das cartas ao veículo que publicou o artigo de opinião escolhido e comentado por você.
2. Para que todas as cartas de leitores da turma possam ser divulgadas, organize com o professor a publicação delas no *blog* da escola ou da turma.

Artigo de opinião

- O artigo de opinião é um gênero argumentativo que tem por objetivo apresentar um **ponto de vista** e convencer o leitor sobre determinado tema.
- O leitor que busca um artigo de opinião geralmente tem a intenção de conhecer um **ponto de vista** sobre um assunto de seu interesse.
- O **ponto de vista** apresentado em um artigo de opinião reflete a posição do autor – também conhecido como articulista – e é responsável pela unidade do texto.
- Para **convencer o leitor** a aceitar seu ponto de vista, o articulista utiliza estratégias, entre elas, as **estratégias argumentativas**.
- Um exemplo de estratégia argumentativa utilizada no artigo de opinião é a **pergunta retórica**, cujo objetivo é provocar a reflexão do leitor a fim de persuadi-lo a concordar com uma ideia.
- Outro tipo de estratégia argumentativa que pode ser empregado em artigos de opinião é o uso de **argumentos de autoridade**, que é a citação de pontos de vista de **especialistas** e/ou **instituições** reconhecidas para dar credibilidade à ideia defendida pelo autor.
- Os **exemplos** também são muito utilizados como argumento. Além de auxiliar na contextualização do tema discutido, eles oferecem aos leitores **fatos concretos** e **comprovam** que a opinião defendida não é baseada apenas em impressões pessoais.
- Em um artigo de opinião e em textos argumentativos em geral, o autor, além de construir argumentos, precisa também refutar **argumentos contrários** aos seus para que sua opinião prevaleça. O argumento usado para combater outro é chamado de **contra-argumento**. Para elaborar contra-argumentos, o articulista precisa ter noção de quais ideias contrárias às que ele defende são mais recorrentes entre seus leitores.
- Além das estratégias de argumentação, existem **recursos textuais** que podem auxiliar na persuasão do leitor.
- Um recurso textual comumente usado é o de **repetir** propositalmente algumas palavras, de modo que elas reforcem a opinião do articulista. Da mesma forma, adjetivos e advérbios podem ser utilizados para atribuir valor e dar ênfase à ideia que se pretende transmitir.
- O uso da primeira pessoa do plural é outra estratégia que pode ser utilizada em determinados textos argumentativos para **aproximar autor e leitor**, sugerindo que eles partilham os mesmos problemas, anseios, ideias e, consequentemente, opiniões.
- Em sua estrutura, o texto do artigo de opinião pode, ainda, estabelecer **relações** entre suas partes (orações e parágrafos, por exemplo), conectando as ideias e reforçando os argumentos.
- Os **primeiros parágrafos** do artigo de opinião costumam contextualizar o tema que será apresentado e discutido no decorrer do texto, marcando a posição do articulista sobre ele.
- O **parágrafo de conclusão**, por sua vez, tem a função de retomar as ideias apresentadas e/ou de apontar soluções para os problemas levantados no texto.

▶ Praticando

1. Leia a seguir a introdução de um artigo de opinião.

> A partir de primeiro de janeiro de 2016, entrou em vigor a Agenda 2030 da ONU, composta de 17 Objetivos de Desenvolvimento Sustentável, estabelecendo objetivos e metas a serem alcançados em 15 anos. O sexto objetivo trata do saneamento básico e considera como meta "garantir a disponibilidade e gestão sustentável da água e saneamento para todos". Nas negociações da agenda, o Brasil se comprometeu em, "até 2030, garantir a todos o acesso universal, a preços acessíveis, à água potável e segura, ao saneamento adequado e à higiene".
>
> Com o compromisso assumido, a realidade mostra que para se atingir o objetivo proposto há um longo caminho a percorrer pois, atualmente, segundo dados do Instituto Trata Brasil, são 35 milhões de brasileiros sem acesso à água tratada, metade da população – 100 milhões – não tem coleta de esgotos e apenas 40% dos esgotos coletados são tratados, os outros 60% são lançados sem tratamentos nos rios, riachos e córregos.
>
> O problema é grave. E, embora a questão do saneamento básico afete a todos, os maiores prejudicados e que sofrem o maior impacto são as famílias de baixa renda, muitas residentes em áreas irregulares.

Reinaldo Dias. Saneamento básico para todos, sem exceções. EcoDebate, 28 jul. 2016. Disponível em: <https://www.ecodebate.com.br/2016/07/28/saneamento-basico-para-todos-sem-excecoes-artigo-de-reinaldo-dias/>. Acesso em: 25 mar. 2019.

a) Qual é o tema tratado no artigo de opinião? Como você chegou a essa conclusão?

b) Por que, no primeiro parágrafo, há um trecho entre aspas?
   - ( ) Porque indica a citação de uma pesquisa realizada por um órgão confiável.
   - ( ) Porque faz referência ao trecho do documento em que está explicitado o comprometimento do Brasil com a garantia do acesso de toda a população ao saneamento básico.
   - ( ) Porque faz referência ao posicionamento do autor sobre o assunto.

c) Para construir sua argumentação, o autor empregou diversas estratégias, entre elas: a **apresentação de dados estatísticos** e a **referência a órgãos confiáveis**. Indique em qual(is) parágrafos(s) cada uma dessas estratégias é empregada.

d) Explique a relação entre essas estratégias e o posicionamento defendido pelo articulista no texto.

2. Complete as frases a seguir empregando as palavras do quadro abaixo.

| exemplo | argumentos | conclusão | dados numéricos |

a) A _____ em um artigo de opinião pode retomar as ideias apresentadas anteriormente.

b) Os _____ não são considerados argumento em um artigo de opinião, mas, sim, uma estratégia.

c) O _____ reforça o argumento.

d) Para convencer o leitor a aceitar determinada opinião, é preciso apresentar _____, que devem ser justificados.

3. Resolva a cruzadinha com as palavras que correspondem aos elementos estruturais do gênero artigo de opinião, apontados em cada um dos itens a seguir.
   1. Parágrafo do artigo de opinião que contextualiza o tema que será tratado no texto e antecipa a posição do autor sobre o assunto.
   2. É usado em um artigo de opinião com a intenção de convencer o leitor.
   3. Tipo de argumento que confirma uma opinião do autor por meio de referência direta (citação) ou indireta a declarações de um especialista no assunto.
   4. Tipo de dado que, por ser baseado em fatos concretos, traz objetividade à argumentação.
   5. Recurso argumentativo que, assim como os dados numéricos, é baseado em fatos concretos. Por isso, comprova que a opinião defendida em um texto não é baseada apenas em impressões pessoais.
   6. Nome dado ao trecho do artigo de opinião que pode retomar as ideias apresentadas anteriormente e/ou apontar soluções para os problemas levantados no texto.

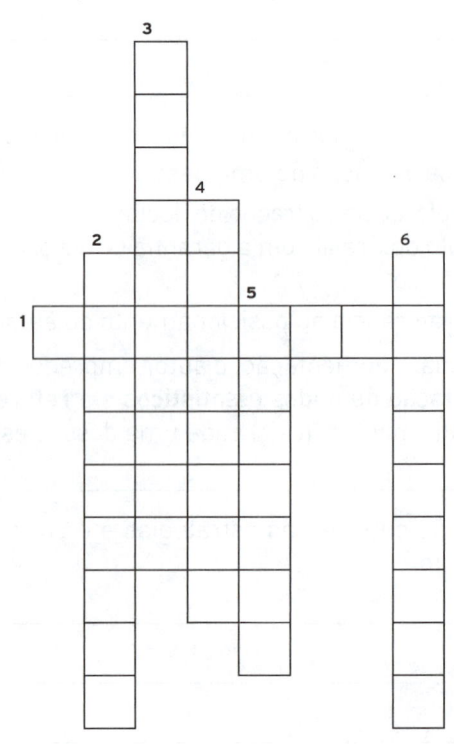

▶ Produzindo

Proposta

Você leu um artigo de opinião que comenta o compromisso assumido pelo Brasil com a garantia ao saneamento básico para toda a população até 2030. Agora é sua vez de escrever um artigo de opinião posicionando-se sobre esse tema. Após a escrita do artigo, você deverá publicá-lo no *blog* da escola ou da turma.

GÊNERO	PÚBLICO	OBJETIVO	CIRCULAÇÃO
Artigo de opinião	Comunidade escolar e familiares	Posicionar-se perante o tema abordado, de modo a convencer o leitor de seu ponto de vista	*Blog* da escola ou da turma

Planejamento e elaboração do texto

1. Antes de produzir seu artigo, defina se você concorda ou não com o questionamento proposto pelo articulista Reinaldo Dias, no artigo da página 99.

2. Caso discorde da ideia de que o Brasil ainda tem um longo caminho para conseguir oferecer saneamento básico a todos, explique como isso poderia ser superado (as medidas a serem adotadas, os agentes envolvidos no processo, etc.).

3. Caso concorde com o articulista, apresente as maiores dificuldades a serem enfrentadas.

4. Pesquise o assunto em fontes confiáveis (revistas, jornais e *sites*). Defina o tema trabalhado no texto e a sua opinião sobre ele logo na introdução.

5. Empregue as mais variadas estratégias e recursos textuais para construir o texto (citação de autoridade, dados estatísticos, exemplos).

6. Conclua seu texto: retome as ideias apresentadas anteriormente, reforce os argumentos utilizados e/ou aponte soluções para os problemas levantados.

7. Empregue o registro formal.

8. Crie um título sugestivo para o artigo.

Avaliação e reescrita do texto

1. Avalie seu artigo de opinião com base nos itens a seguir, a fim de aprimorá-lo.

ELEMENTOS DO ARTIGO DE OPINIÃO
Sua opinião sobre o tema ficou clara?
Você pesquisou o tema, procurando embasar sua opinião em fontes confiáveis?
Os argumentos são coerentes e convincentes?
A conclusão retoma a ideia central ou aponta soluções para os problemas levantados no texto?
Seu artigo foi escrito no registro formal?

2. Com base nas respostas às questões do quadro acima, reescreva seu artigo de opinião fazendo os ajustes necessários.

Circulação

Publique seu texto no *blog* da escola ou da turma e divulgue o *link* para a comunidade escolar e para os familiares.

DE OLHO NAS AVALIAÇÕES

1. (ITA-SP)

   > O projeto Montanha Limpa, desenvolvido desde 1992, por meio da parceria entre o Parque Nacional de Itatiaia e a DuPont, visa amenizar os problemas causados pela poluição em forma de lixo deixado por visitantes desatentos.
   >
   > (Folheto do Projeto Montanha Limpa do Parque Nacional de Itatiaia.)

   A preposição que indica que o Projeto Montanha Limpa continua até a publicação do Folheto é

   a) entre.
   b) por (por visitantes).
   c) em.
   d) por (pela poluição).
   e) desde.

2. (Unifesp)

   > **O nada que é**
   >
   > Um canavial tem a extensão
   > ante a qual todo metro é vão.
   >
   > Tem o escancarado do mar
   > que existe para desafiar
   >
   > que números e seus afins
   > possam prendê-lo nos seus sins.
   >
   > Ante um canavial a medida
   > métrica é de todo esquecida,
   >
   > porque embora todo povoado
   > povoa-o o pleno anonimato
   >
   > que dá esse efeito singular:
   > de um nada prenhe como o mar.
   >
   > (João Cabral de Melo Neto. *Museu de tudo e depois*, 1988.)

   No título do poema – "O nada que é" –, ocorre a substantivação do pronome *nada*. Esse processo de formação de palavras também se verifica em:

   a) A arquitetura do poema em João Cabral define-**lhe** o processo de criação.
   b) A poética de João Cabral assume traços do Barroco **gongórico**.
   c) Poema **algum** de João Cabral escapa de seu processo rigoroso de composição.
   d) Em *Morte e Vida Severina*, João Cabral expressa o homem como **coisa**.
   e) A poesia de João Cabral tem um **quê** de despoetização.

3. (UFPA)

No trecho: "(O Rio) não se industrializou, deixou explodir a questão social, fermentada por mais de dois milhões de favelados, e inchou, à exaustão, uma máquina administrativa que não funciona...", a preposição a (que está contraída com o artigo a) traduz uma relação de

a) fim.
b) causa.
c) concessão.
d) limite.
e) modo.

4. (FGV-SP)

> Ver é muito complicado. Isso é estranho porque os olhos, de todos os órgãos dos sentidos, são os de mais fácil compreensão científica. A sua física é idêntica à física óptica de uma máquina fotográfica: o objeto do lado de fora aparece refletido do lado de dentro. Mas existe algo na visão que não pertence à física.
>
> William Blake* sabia disso e afirmou: "A árvore que o sábio vê não é a mesma árvore que o tolo vê". Sei disso por experiência própria. Quando vejo os ipês floridos, sinto-me como Moisés diante da sarça ardente: ali está uma epifania do sagrado. Mas uma mulher que vivia perto da minha casa decretou a morte de um ipê que florescia à frente de sua casa porque ele sujava o chão, dava muito trabalho para a sua vassoura. Seus olhos não viam a beleza. Só viam o lixo.
>
> Adélia Prado disse: "Deus de vez em quando me tira a poesia. Olho para uma pedra e vejo uma pedra". Drummond viu uma pedra e não viu uma pedra. A pedra que ele viu virou poema.

Rubem Alves. A complicada arte de ver. Folha de S.Paulo, São Paulo, 26 out. 2004.

* William Blake (1757-1827) foi poeta romântico, pintor e gravador inglês. Autor dos livros de poemas Song of Innocence e Gates of Paradise.

A respeito do pronome disso, na primeira linha do segundo parágrafo, pode-se dizer que é um

a) possessivo de segunda pessoa e se refere ao conteúdo do parágrafo anterior.
b) demonstrativo combinado com prefixo e se refere aos ipês floridos citados.
c) demonstrativo masculino de segunda pessoa e se refere ao poeta William Blake.
d) demonstrativo neutro que tem como referência a última frase do parágrafo anterior.
e) possessivo neutro e se refere a Moisés diante da sarça ardente.

5. (UFC-CE)

No trecho:

> Eu não creio, não posso mais acreditar na bondade ou na virtude de homem algum; todos são mais ou menos ruins, falsos, e indignos; há porém alguns que sem dúvida com o fim de ser mais nocivos aos outros, e para produzir maior dano, têm o merecimento de dizer a verdade nua e crua. [...] (p. 65)

I. algum e alguns são pronomes indefinidos.
II. alguns é sujeito do verbo haver.
III. algum equivale a nenhum.

Assinale a alternativa correta sobre as assertivas acima.

a) Apenas I é verdadeira.
b) Apenas II é verdadeira.
c) Apenas I e II são verdadeiras.
d) Apenas I e III são verdadeiras.
e) I, II e III são verdadeiras.

6. (ITA-SP)

O emprego de "o mesmo", comumente criticado por gramáticos, é usado, muitas vezes, para evitar repetição de palavras ou ambiguidade. Aponte a opção em que o uso de "o mesmo" não assegura clareza na mensagem.

a) Esta agência possui cofre com fechadura eletrônica de retardo, não permitindo a abertura do mesmo fora dos horários programados. (Cartaz em uma agência dos Correios)

b) A reunião da Associação será na próxima semana. Peço a todos que confirmem a participação na mesma. (Mensagem, enviada por *e-mail*, para chamada dos associados para uma reunião)

c) Antes de entrar no elevador, verifique se o mesmo se encontra parado neste andar. (Lei 9502)

d) Após o preenchimento do questionário para levantamento de necessidade de treinamento, solicito a devolução do mesmo a este Setor. (Ofício de uma instituição pública)

e) A grama é colhida, empilhada e carregada sem contato manual, portanto a manipulação fica restrita à descarga do caminhão manualmente ao lado do mesmo. (Folheto de instruções para plantio de grama na forma de tapete de grama)

7. (FGV-SP)

Calvin & Hobbes, Bill Watterson © 1992 Watterson/Dist. by Universal Uclick

Observando os três primeiros quadrinhos, pode-se perceber que, no diálogo entre Calvin e sua mãe, uma das formas verbais não condiz com as demais. Trata-se de

a) ides.
b) tenhais.
c) julgais.
d) pretendes.
e) segui.

8. (UFF-RJ)

Assinale a série em que estão devidamente classificadas as formas verbais destacadas.

Ao **chegar** da fazenda, espero que já **tenha** terminado a festa.

a) futuro do subjuntivo, pretérito perfeito do subjuntivo
b) infinitivo, presente do subjuntivo
c) futuro do subjuntivo, presente do subjuntivo
d) infinitivo, pretérito imperfeito do subjuntivo
e) infinitivo, pretérito perfeito do subjuntivo

9. (ITA-SP)

> **João e Maria**
>
> Agora eu era herói
> E o meu cavalo só falava inglês
> A noiva do *cowboy*
> Era você além das outras três
> Eu enfrentava os batalhões
> Os alemães e os seus canhões
> Guardava o meu bodoque
> Ensaiava o *rock*
> Para as matinês [...]
>
> Chico Buarque de Holanda.

Quanto ao tempo verbal, é correto afirmar que, no texto anterior,

a) a relação cronológica, no primeiro verso, entre o momento da fala e "ser herói" é de anterioridade.
b) o pretérito imperfeito indica um processo concluído num período definido no passado.
c) o pretérito imperfeito é usado para instaurar um mundo imaginário, próprio do universo infantil.
d) o conflito entre a marca do presente – no advérbio "agora" – e a do passado – nos verbos – leva à intemporalidade.
e) o pretérito imperfeito é usado para exprimir cortesia.

10. (Unifesp)

Considere a charge e as afirmações:

Charge de Dálcio Machado.

I. O advérbio *já*, indicativo de tempo, atribui à frase o sentido de mudança.
II. Entende-se pela frase da charge que a população de idosos atingiu um patamar inédito no país.
III. Observando a imagem, tem-se que a fila de velhinhos esperando um lugar no banco sugere o aumento de idosos no país.

Está correto o que se afirma em
a) I apenas.
b) II apenas.
c) I e II apenas.
d) II e III apenas.
e) I, II e III.

11. (Unifesp)

Dizer "só no fim do mês recebe" é diferente de "no fim do mês recebe", pois, no primeiro caso, é flagrante a ideia de

a) intensidade.

b) demora.

c) tempo indefinido.

d) rapidez.

e) probabilidade.

12. (Prova Brasil)

> **Prezado senhor,**
>
> Somos alunos do Colégio Tomé de Souza e temos interesse em assuntos relacionados a aspectos históricos de nosso país, principalmente os relacionados ao cotidiano de nossa História, como era o dia a dia das pessoas, como eram as escolas, a relação entre pais e filhos etc. Vínhamos acompanhando regularmente os suplementos publicados por esse importante jornal. Mas agora não encontramos mais os artigos tão interessantes. Por isso, resolvemos escrever-lhe e solicitar mais matérias a respeito.

O tema de interesse dos alunos é

a) cotidiano.

b) escola.

c) História do Brasil.

d) relação entre pais e filhos.

13. (PUC-SP)

Considere o trecho "... que detém o domínio desse mercado". Se o sujeito do verbo *deter* estivesse no plural, a escrita correta para o trecho seria

a) ... que detém o domínio desse mercado.

b) ... que detem o domínio desse mercado.

c) ... que deteem o domínio desse mercado.

d) ... que detêm o domínio desse mercado.

e) ... que detêem o domínio desse mercado.

14. (Cesgranrio-RJ)

Assinale o item que completa corretamente as lacunas.

_____ havido um acréscimo na violência urbana e, se _____ este quadro, _____, em um futuro breve, mais vítimas inocentes.

a) Tem – mantivermos – existirão

b) Tem – mantermos – existirão

c) Tem – mantermos – existirá

d) Têm – mantivermos – existirão

e) Têm – mantivermos – existirão

15. (Prova Brasil)

> Há muitos séculos, o homem vem construindo aparelhos para medir o tempo e não lhe deixar perder a hora. Um dos mais antigos foi inventado pelos chineses e consistia em uma corda cheia de nós a intervalos regulares. Colocava-se fogo ao artefato e a duração de algum evento era medida pelo tempo que a corda levava para queimar entre um nó e outro. Não há registros, mas com certeza diziam-se coisas como: "Muito bonito, não? Você está atrasado há mais de três nós!"
>
> Jornal *O Estado de S. Paulo*, 28 maio 1992.

A finalidade do texto é

a) argumentar.

b) descrever.

c) informar.

d) narrar.

16. (Prova Brasil)

> ### O encontro (fragmento)
>
> Em redor, o vasto campo. Mergulhado em névoa branda, o verde era pálido e opaco. Contra o céu, erguiam-se os negros penhascos tão retos que pareciam recortados a faca. Espetado na ponta da pedra mais alta, o sol espiava atrás de uma nuvem.
>
> "Onde, meu Deus?! — perguntava a mim mesma – Onde vi esta mesma paisagem, numa tarde assim igual?"
>
> Era a primeira vez que eu pisava naquele lugar. Nas minhas andanças pelas redondezas, jamais fora além do vale. Mas nesse dia, sem nenhum cansaço, transpus a colina e cheguei ao campo. Que calma! E que desolação. Tudo aquilo – disso estava bem certa – era completamente inédito pra mim. Mas por que então o quadro se identificava, em todas as minúcias, a uma imagem semelhante lá nas profundezas da minha memória? Voltei-me para o bosque que se estendia à minha direita. Esse bosque eu também já conhecera com sua folhagem cor de brasa dentro de uma névoa dourada. "Já vi tudo isto, já vi... Mas onde? E quando?"
>
> Fui andando em direção aos penhascos. Atravessei o campo. E cheguei à boca do abismo cavado entre as pedras. Um vapor denso subia como um hálito daquela garganta de cujo fundo insondável vinha um remotíssimo som de água corrente. Aquele som eu também conhecia. Fechei os olhos. "Mas se nunca estive aqui! Sonhei, foi isso? Percorri em sonho estes lugares e agora os encontro palpáveis, reais? Por uma dessas extraordinárias coincidências teria eu antecipado aquele passeio enquanto dormia?"
>
> Sacudi a cabeça, não, a lembrança – tão antiga quanto viva – escapava da inconsciência de um simples sonho. [...]
>
> Lygia Fagundes Telles. *Oito contos de amor*. São Paulo: Ática.

Na frase "Já vi tudo isso, já vi... Mas onde?" [...], o uso das reticências sugere

a) impaciência.

b) impossibilidade.

c) incerteza.

d) irritação.

17. (FGV-SP)

Assinale a alternativa em que as formas **mal** ou **mau** estão utilizadas de acordo com a norma culta.

a) Mau-agradecidas, as juízas se postaram diante do procurador, a exigir recompensas.

b) Seu mal humor ultrapassava os limites do suportável.

c) Mal chegou a dizer isso, e tomou um sopapo que o lançou longe.

d) As respostas estavam mau dispostas sobre a mesa, de forma que ninguém sabia a sequência correta.

e) Então, mau ajeitada, desceu triste para o salão, sem perceber que alguém a observava.

18. (Fuvest-SP)

Assinale a alternativa em que há oração sem sujeito.

a) Existe um povo que a bandeira empresta.
b) Embora com atraso, haviam chegado.
c) Existem flores que devoram insetos.
d) Alguns de nós ainda tinham esperança de encontrá-lo.
e) Há de haver recurso desta sentença.

19. (Unifesp)

No período: "Uma parcela expressiva destas mortes, **que** varia de região para região, é atribuída à ação da polícia, **que** se respalda na impunidade para continuar cometendo seus crimes", as palavras destacadas referem-se, respectivamente,

a) à palavra *parcela* e tem a função de sujeito; à palavra *polícia* e tem a função de sujeito.

b) à palavra *mortes* e tem a função de sujeito; à palavra *polícia* e tem a função de sujeito.

c) à palavra *parcela* e tem a função de objeto; à palavra *polícia* e tem a função de objeto.

d) à palavra *parcela* e tem a função de objeto; à palavra *ação* e tem a função de sujeito.

e) à palavra *parcela* e tem a função de sujeito; à palavra *ação* e tem a função de sujeito.

20. (Unirio)

Em: "Na mocidade, muitas coisas lhe haviam acontecido", temos oração:

a) sem sujeito;
b) com sujeito simples e claro;
c) com sujeito oculto;
d) com sujeito composto;
e) com sujeito indeterminado.

21. (Mackenzie-SP)

Assinale a alternativa em que **nada** funciona como sujeito.

a) Nada vi.
b) Nada quer.
c) Nada somos.
d) Nada me perturba.
e) N.d.a.

22. (FMU-SP)

> Ouviram do Ipiranga as margens plácidas
> De um povo heroico o brado retumbante...

O sujeito da afirmação com que se inicia o Hino Nacional Brasileiro é

a) indeterminado.

b) "um povo heroico".

c) "as margens plácidas do Ipiranga".

d) "o brado retumbante".

23. (Unifor-CE)

> O cronista trabalha com um instrumento de grande divulgação, influência e prestígio, que é a palavra impressa. Um jornal, por menos que seja, é um veículo de ideias que são lidas, meditadas e observadas por uma determinada corrente de pensamento formada à sua volta. Um jornal é um pouco como um organismo humano. Se o editorial é o cérebro; os tópicos e notícias, as artérias e veias; as reportagens, os pulmões; o artigo de fundo, o fígado; e as seções, o aparelho digestivo – a crônica é o seu coração. A crônica é matéria tácita de leitura, que desafoga o leitor da tensão do jornal e lhe estimula um pouco a função do sonho e uma certa disponibilidade dentro de um cotidiano quase sempre "muito tido, muito visto, muito conhecido", como diria o poeta Rimbaud. Daí a seriedade do ofício do cronista e a frequência com que ele, sob a pressão de sua tirania diária, aplica-lhe balões de oxigênio. Os melhores cronistas do mundo, que foram os do século XVIII, na Inglaterra – os chamados *essayists* – praticaram o *essay*, isto de onde viria a sair a crônica moderna, com um zelo artesanal tão proficiente quanto o de um bom carpinteiro ou relojoeiro. Libertados da noção exclusivamente moral do primitivo *essay*, os oitocentistas ingleses deram à crônica suas primeiras lições de liberdade, casualidade e lirismo, sem perda do valor formal e da objetividade. Addison, Steele, Goldsmith e sobretudo Hazlitt e Lamb – estes os dois maiores – fizeram da crônica, como um bom mestre carpinteiro o faria com uma cadeira, um objeto leve mas sólido, sentável por pessoas gordas ou magras. [...] Num mundo doente a lutar pela saúde, o cronista não se pode comprazer em ser também ele um doente; em cair na vaguidão dos neurastenizados pelo sofrimento físico; na falta de segurança e objetividade dos enfraquecidos por excessos de cama e carência de exercícios. Sua obrigação é ser leve, nunca vago; íntimo, nunca intimista; claro e preciso, nunca pessimista. Sua crônica é um copo d'água em que todos bebem, e a água há de ser fresca, limpa, luminosa, para satisfação real dos que nela matam a sede.

Vinicius de Moraes. *Poesia completa e prosa*. Aguilar, 1974. p. 591-592.

O termo grifado nos segmentos abaixo está substituído pelo pronome adequado, corretamente colocado, em

a) que desafoga o leitor = que lhe desafoga.

b) praticaram o essay = praticaram-no.

c) de onde viria a sair a crônica = viria a sair-lhe.

d) deram à crônica suas lições = deram-na.

e) dos que nela matam a sede = que nela matam-na.

24. (Unicamp-SP)

> Como os abolicionistas americanos previram, os problemas da escravidão não cessariam com a abolição. O racismo continuaria a acorrentar a população negra às esferas mais baixas da sociedade dos Estados Unidos. Mas se tivessem tido a oportunidade de fazer uma viagem pelo Brasil de seus sonhos – o país imaginado por tanto tempo como o lugar sem racismo – eles teriam concluído que entre o inferno e o paraíso não há uma tão grande distância afinal.

Adaptado de Célia M. M. Azevedo. *Abolicionismo*: Estados Unidos e Brasil, uma história comparada (século XIX). São Paulo: Annablume, 2003. p. 205.

Sobre o tema, é correto afirmar que

a) a experiência da escravidão aproxima a história dos Estados Unidos e do Brasil, mas o racismo tornou-se uma pauta política apenas nos EUA da atualidade.

b) a imagem de inferno e paraíso na questão racial também é adequada às divisões entre o sul e o norte dos EUA, pois a questão racial impactou apenas uma parte daquele país.

c) os abolicionistas norte-americanos tinham uma visão idealizada do Brasil, pois não identificavam o racismo como um problema em nosso país.

d) a abolição foi uma etapa da equiparação de direitos nas sociedades norte-americana e brasileira, pois os direitos civis foram assegurados, em ambos os países, no final do século XIX.

25. (Fatec-SP)

Considere o trecho a seguir.

> Haviam _____ ao conhecimento do chefe os resultados dos testes de aptidão que os psicomputocratas _____-se a aplicar aos funcionários, visto que _____ à empresa manter-se atualizada. Os testes foram submetidos a um computador, e este forneceu resultados que _____ informações sobre os funcionários.

De acordo com a gramática normativa, o trecho deve ser preenchido, respectivamente, por

a) chegado – propuseram – convém – contêm.
b) chegado – propuseram – convêm – contém.
c) chegado – proporam – convêm – contêm.
d) chego – proporam – convém – contém.
e) chego – propuseram – convém – contém.

26. (Prova Brasil)

> **No mundo dos sinais**
>
> Sob o sol de fogo, os mandacarus se erguem, cheios de espinhos. Mulungus e aroeiras expõem seus galhos queimados e retorcidos, sem folhas, sem flores, sem frutos.
>
> Sinais de seca brava, terrível! Clareia o dia. O boiadeiro toca o berrante, chamando os companheiros e o gado.
>
> Toque de saída. Toque de estrada.
>
> Lá vão eles, deixando no estradão as marcas de sua passagem.

Fonte: TV Cultura, *Jornal do Telecurso*.

A opinião do autor em relação ao fato comentado está em

a) "os mandacarus se erguem".
b) "aroeiras expõem seus galhos".
c) "Sinais de seca brava, terrível!".
d) "Toque de saída. Toque de entrada".

27. (UFU-MG)

> O sol entra cada dia mais tarde, pálido, fraco, oblíquo.
> O sol brilhou um pouquinho pela manhã.

Pela ordem, os predicados das orações acima classificam-se como:

a) nominal e verbo-nominal
b) verbal e nominal
c) verbal e verbo-nominal
d) verbo-nominal e nominal
e) verbo-nominal e verbal

28. (Famema-SP)

Leia o poema de Manuel Bandeira para responder à questão.

> **A estrada**
>
> Esta estrada onde moro, entre duas voltas do caminho,
> Interessa mais que uma avenida urbana.
> Nas cidades todas as pessoas se parecem.
> Todo o mundo é igual. Todo o mundo é toda a gente.
> Aqui, não: sente-se bem que cada um traz a sua alma.
> Cada criatura é única.
> Até os cães.
> Estes cães da roça parecem homens de negócios:
> Andam sempre preocupados.
> E quanta gente vem e vai!
> E tudo tem aquele caráter impressivo que faz meditar:
> Enterro a pé ou a carrocinha de leite puxada por um bodezinho manhoso.
> Nem falta o murmúrio da água, para sugerir, pela voz dos símbolos,
> Que a vida passa! que a vida passa!
> E que a mocidade vai acabar.

(*Estrela da vida inteira*, 2009.)

"Estes cães da roça parecem **homens de negócios**". A função sintática do termo destacado no excerto é a mesma do termo destacado em:

a) "cada um traz **a sua alma**."
b) "E tudo tem aquele caráter impressivo **que faz meditar**:"
c) "Cada criatura é **única**."
d) "Nem falta **o murmúrio da água**,"
e) "Nas cidades **todas as pessoas** se parecem."

29. (UEL-PR)

> **Marte é o Futuro**
>
> 1 O pouso na Lua não foi só o ápice da corrida espacial. Foi também o passo inicial do
> 2 turbocapitalismo que dominaria as três décadas seguintes. Dependente, porém, de
> 3 matérias-primas do século 19: aço, carvão, óleo. Lançar-se ao espaço implicava algum
> 4 reconhecimento dos limites da Terra. Ela era azul, mas finita. Com o império da
> 5 tecnociência, ascendeu também sua nêmese, o movimento ambiental. Fixar Marte
> 6 como objetivo para dentro de 20 ou 30 anos, hoje, parece tão louco quanto chegar à Lua
> 7 em dez, como determinou John F. Kennedy. Não há um imperialismo visionário como
> 8 ele à vista, e isso é bom. A ISS (estação espacial internacional) representa a prova viva
> 9 de que certas metas só podem ser alcançadas pela humanidade como um todo, não por
> 10 nações forjadas no tempo das caravelas. Marte é o futuro da humanidade. Ele nos
> 11 fornecerá a experiência vívida e a imagem perturbadora de um planeta devastado,
> 12 inabitável. Destino certo da Terra em vários milhões de anos. Ou, mais provável, em
> 13 poucas décadas, se prosseguir o saque a descoberto da energia fóssil pelo hipercapitalismo
> 14 globalizado, inflando a bolha ambiental.

(Adaptado de: LEITE, M. Caderno Mais!. *Folha de S.Paulo*. São Paulo, domingo, 26 jul. 2009. p. 3.)

Quanto à predicação verbal, é correto afirmar:

a) Em "Lançar-se ao espaço implicava algum reconhecimento" (linhas 3 e 4), o verbo **implicar**, nesse contexto, é um verbo transitivo direto, por isso seu complemento não exige preposição.

b) Em "Não há um imperialismo visionário como ele à vista" (linhas 7 e 8), o verbo **haver** é considerado um verbo de ligação, pois estabelece relação entre sujeito e seu predicativo.

c) Em "A ISS (estação espacial internacional) representa a prova viva" (linha 8), o verbo **representar** é intransitivo, portanto, não necessita complemento.

d) Em "Marte é o futuro da humanidade" (linha 10), o verbo **ser** é classificado como verbo transitivo direto e indireto, ou seja, possui um complemento precedido de preposição e outro não.

e) Em "Ele nos fornecerá a experiência vívida e a imagem" (linhas 10 e 11), o verbo **fornecer** é classificado como verbo defectivo, pois não apresenta a conjugação completa.